Kohlhammer

**Die Autorin**

Renate Daniel, Dr. med., Studium der Medizin an der Universität Heidelberg, anschließend Weiterbildung zur Fachärztin für Psychiatrie und Psychotherapie am Epilepsiezentrum Kehl-Kork sowie am Zentrum für Psychiatrie Emmendingen. Zeitgleich Weiterbildung in Psychoanalyse am C. G. Jung-Institut Zürich.

Derzeit ist sie in eigener Praxis in Zürich niedergelassen und als Programmdirektorin am C. G. Jung-Institut Zürich verantwortlich für die Erstellung des Semesterprogramms sowie für zahlreiche weitere Belange in der operativen Leitung des Instituts.

Seit vielen Jahren ist sie Dozentin, Lehranalytikerin und Supervisorin am C. G. Jung-Institut Zürich und in der Lehre tätig bei den Jung-Gesellschaften Basel, Köln und Stuttgart sowie den Lindauer Psychotherapiewochen.

Renate Daniel

# Das Selbst

Grundlagen und Implikationen
eines zentralen Konzepts der
Analytischen Psychologie

Verlag W. Kohlhammer

*Für Trudel und Cyriak*

Dieses Werk einschließlich aller seiner Teile ist urheberrechtlich geschützt. Jede Verwendung außerhalb der engen Grenzen des Urheberrechts ist ohne Zustimmung des Verlags unzulässig und strafbar. Das gilt insbesondere für Vervielfältigungen, Übersetzungen, Mikroverfilmungen und für die Einspeicherung und Verarbeitung in elektronischen Systemen.

Die Wiedergabe von Warenbezeichnungen, Handelsnamen und sonstigen Kennzeichen in diesem Buch berechtigt nicht zu der Annahme, dass diese von jedermann frei benutzt werden dürfen. Vielmehr kann es sich auch dann um eingetragene Warenzeichen oder sonstige geschützte Kennzeichen handeln, wenn sie nicht eigens als solche gekennzeichnet sind.

Es konnten nicht alle Rechtsinhaber von Abbildungen ermittelt werden. Sollte dem Verlag gegenüber der Nachweis der Rechtsinhaberschaft geführt werden, wird das branchenübliche Honorar nachträglich gezahlt.

1. Auflage 2018

Alle Rechte vorbehalten
© W. Kohlhammer GmbH, Stuttgart
Gesamtherstellung: W. Kohlhammer GmbH, Stuttgart

Print:
ISBN 978-3-17-030167-2

E-Book-Formate:
pdf:   ISBN 978-3-17-030168-9
epub: ISBN 978-3-17-030169-6
mobi: ISBN 978-3-17-030170-2

Für den Inhalt abgedruckter oder verlinkter Websites ist ausschließlich der jeweilige Betreiber verantwortlich. Die W. Kohlhammer GmbH hat keinen Einfluss auf die verknüpften Seiten und übernimmt hierfür keinerlei Haftung.

# Geleitwort

Dieser Buchreihe gebe ich sehr gerne ein Geleitwort mit auf den Weg. Dies geschieht heute an einer Station in der psychotherapeutischen Landschaft, von der aus man fast verwundert zurück blickt auf die Zeit, in der sich Angehörige verschiedener »Schulen« vehement darüber stritten, wer erfolgreicher ist, wer die besseren Konzepte hat, wer zum Mainstream gehört, wer nicht, und – wer, gerade weil er nicht dazu gehört, deshalb vielleicht sogar ganz besonders bedeutsam ist. Unterdessen wissen wir aufgrund von Studien zur Psychotherapie, dass die allgemeinen Faktoren, wie zum Beispiel die therapeutische Beziehungsgestaltung, verbunden mit der Erwartung auf Besserung, wie die Ressourcen der Patienten, wie das Umfeld, in dem die einzelnen leben und in dem sie behandelt werden, eine grössere Rolle spielen als die verschiedenen Behandlungstechniken. Zudem – und das zeigen auch Forschungen (PAPs Studie, Praxisstudie Ambulante Psychotherapie Schweiz) – werden heute von den Therapeutinnen und Therapeuten neben den schulspezifischen viele allgemeine Interventionstechniken angewandt, vor allem aber auch viele aus jeweils anderen Schulen als denen, in denen sie primär ausgebildet sind.

Gerade aber, weil wir unterdessen so viel gemeinsam haben und unbefangen auch Interventionstechniken von anderen Schulen übernehmen, wächst auch das Interesse daran, wie es denn um die Konzepte der »jeweils Anderen« wirklich bestellt ist. Als Jungianerin bemerke ich immer wieder, dass Theorien von Jung als »Steinbruch« benutzt werden, dessen Steine dann in einer neuen Bauweise, beziehungsweise in einer neuen »Fassung« erscheinen, ohne dass auf Jung hingewiesen wird. Das geschah mit der Jungschen Traumdeutung, von der viele Aspekte überall dort übernommen werden, wo heute mit Träumen gearbeitet wird. Dass C.G. Jung zwar auch nicht der erste war, der mit Imaginationen intensiv gearbeitet hat, Imagination aber zentral ist in der Jungschen Theorie, wurde gelegentlich »vergessen«; die Schematheorie kann ihre Nähe zur Jungschen Komplextheorie, die 100 Jahre früher entstanden ist, gewiss nicht verbergen.

Vieles mag geschehen, weil die ursprünglichen Konzepte von Jung zu wenig bekannt sind. Deshalb begrüsse ich die Idee von Ralf Vogel, eine Buchreihe bei Kohlhammer herauszugeben, bei der grundsätzliche Konzepte von Jung – in ihrer Entwicklung – beschrieben und ausformuliert werden, wie sie heute sich darstellen, mit Blick auf die Verbindung von Theorie und praktischer Arbeit. Ich bin sicher, dass von der Jungschen Theorie mit der grossen Bedeutung, die Bilder und das Bildhafte in ihr haben, auch auf Kolleginnen und Kollegen anderer Ausrichtungen viel Anregung ausgehen kann.

Verena Kast

# Inhalt

Geleitwort .................................................... 5

Einführung ................................................... 10

1 C. G. Jungs Konzept von Ich und Selbst ................ 13
   Ich, Ich-Bewusstsein und Ich-Komplex bei C. G. Jung ... 13
   Das Selbst bei C. G. Jung ................................ 17
   Paradoxie des Selbst ..................................... 19
   Symbole des Selbst ....................................... 26
   Das Selbst als Gottvater – das Ich als Gotteskind ........ 28
   Die Entwicklung des Selbst ............................... 31
   Die Abstraktion des Gottesbildes ......................... 33

2 Schicksal und Selbst im Wandel der Zeit ................ 35
   Verantwortungsdiffusion .................................. 35
   Schicksalskonzepte unterliegen dem Zeitgeist ............ 37
   Krankheitskonzepte sind zeitgeistabhängig ............... 39
   Der menschliche Anteil am Bösen ........................ 43
   Die Bürde der Schuld .................................... 44
   Der Teufel in der heutigen Welt .......................... 47
   Spinne und Stein als Selbstsymbol ....................... 48
   Machsal .................................................. 51

3 Grenzerfahrungen: Geburt und Tod ..................... 53
   Die Geburt ist ins Krankenhaus umgezogen – somit ein
   Fall für die Medizin ...................................... 53
   Reproduktionsmedizin ................................... 57

| | |
|---|---|
| Der Tod ist ins Krankenhaus umgezogen – somit ein Fall für die Medizin | 63 |
| Wem gehört der Tod? | 65 |
| Der Tod als narzisstische Kränkung | 66 |
| Leitlinien für die aktive Sterbehilfe? | 70 |

**4 Das Auge als Selbstsymbol** ... 73
Gesehenwerden ... 73
Sehen als Instrument von Macht und Autonomie ... 75
Von der Schwierigkeit zu vertrauen ... 79
Vom Wesen der Schönheit ... 84
Schönheit liegt im Auge des Betrachters und der jeweiligen (Sub-)Kultur ... 87
Schönheit ist nicht mehr gottgegeben, sondern harte Arbeit ... 90
Schönheit in der psychotherapeutischen Praxis ... 92
Übertragungs- und Gegenübertragungsaspekte der Schönheit ... 93

**5 Das dunkle Selbst** ... 95
Kann Christus ein Selbstsymbol sein? ... 95
Kannibalismus ... 98
Das Nichts ... 101
Das dunkle Selbst in der Therapie ... 107
Das Böse verbannen? Vom Trend der Tabuisierung ... 111

**6 Ich, Selbst und die Zeit** ... 113
Wem gehört die Zeit? ... 113
Zeitqualität und Zeitbedürfnisse ... 116
Beschleunigung ... 120
Das ungelebte Leben ... 121
Psychische Erkrankungen als Folge der modernen Zeitnutzung ... 122
Ewigkeit ... 127

Nachwort .................................................... 133

Literatur .................................................... 135

Verzeichnis der Filme ........................................ 140

Sach- und Personenverzeichnis ................................ 141

# Einführung

Obwohl wir tagtäglich den Begriff »Selbst« in den Mund nehmen, beispielsweise in Selbstvertrauen, Selbstbewusstsein oder Selbstzweifel, ist es nicht ganz einfach zu erklären, was wir damit meinen. Ähnlich geht es uns mit dem Wort »Ich«. Auch die Frage nach dem Unterschied zwischen den beiden Begriffen »Selbst« und »Ich« kann uns in Verlegenheit bringen. Dabei fällt auf, dass wir Selbst und Ich nicht beliebig austauschen können. So sprechen wir weder von Ich-Vertrauen noch von Ich-Heilung, sondern von Selbstvertrauen bzw. Selbstheilung. Und Ich-Bewusstsein und Selbstbewusstsein meinen nicht dasselbe. Es gibt einen Unterschied zwischen Ich und Selbst, und mit ihm beschäftigt sich dieses Buch.

Dieser Unterschied ist für die Psychologie interessant und relevant. Psychologische Schulen definieren die Termini »Ich« und »Selbst« in teilweise ähnlicher, aber auch unterschiedlicher Art und Weise, weshalb es leicht zu Missverständnissen kommt, wenn die jeweiligen Definitionen nicht geklärt sind. Persönlich wählen wir häufig das uns plausibelste psychologische Konzept; manchmal mischen wir Konzepte, nicht immer bewusst, und gelegentlich kommt es zum Streit über die Deutungshoheit.

In diesem Buch geht es nicht darum, das überzeugendste Selbstkonzept zu finden, sondern C. G. Jungs Kernideen über Ich bzw. Selbst vorzustellen und auf ihre Relevanz für die heutige Lebenswirklichkeit zu untersuchen.

Wer sich mit Jungs Konzept des Selbst beschäftigt, lässt sich ein auf sein Menschenbild und seine Vorstellungen über Gott, Göttliches und Glaubensfragen. Jung findet es gerechtfertigt, sich mit diesen Themen psychologisch auseinanderzusetzen, weil sich die Menschen seit jeher damit beschäftigt haben und dazugehörige Antworten erheblichen Einfluss auf unsere Lebens- und Beziehungsgestaltung haben. Auch ethische Haltungen, Ideologien, gesellschaftliche und politische Prozesse sowie therapeutische Modelle werden davon beeinflusst.

Jungs Ideen und Thesen zu Ich und Selbst sind gelegentlich schwer nachzuvollziehen oder widersprüchlich. Einige Ungereimtheiten erklären sich durch seinen jahrzehntelangen »Work in progress«, bei dem er Dank neuer Erkenntnisse und Erfahrungen seine Theorie umgebaut und angepasst hat. Allerdings sind Paradoxie, Unschärfe sowie Uneindeutigkeit wesentliche Elemente seines Selbstkonzeptes, weil dazugehörige Aussagen zumindest teilweise unsere Vorstellungskraft sprengen und jenseits rationaler Logik beheimatet sind. Irritationen entstehen auch deshalb, weil religiöse Fragen das berühren, was dem Menschen das Verehrungswürdigste und »Heiligste« ist. Und in der Regel reagieren Menschen in allen Epochen und Kulturen sehr heftig, wenn das jeweils »Heilige« infrage gestellt wird. Kaum jemand kann gelassen reagieren, wenn andere das ihm Wertvollste nicht respektieren. Deshalb ist es fast nicht vermeidbar, bei der Lektüre zumindest gelegentlich verwirrt, befremdet oder gar verärgert zu sein.

Es erscheint mir hilfreich, sich zunächst einmal so weit wie möglich vorurteilsfrei auf die beschriebenen Ideen einzulassen. Dabei geht es mir nicht darum, den Leser von Jungs Konzepten zu überzeugen, sondern beizutragen, diesbezüglich eigene Vorstellungen und Überzeugungen bewusster wahrzunehmen sowie deren Einfluss auf das eigene Selbstbild und Weltbild.

Unter den verschiedenen Möglichkeiten, sich dem Thema »Ich und Selbst« zu nähern, bevorzuge ich das Narrativ, wozu der Philosoph Odo Marquard meinte:

> »Denn die Menschen: das sind ihre Geschichten. Geschichten aber muß man erzählen. Das tun die Geisteswissenschaften: sie kompensieren Modernisierungsschäden, indem sie erzählen; und je mehr versachlicht wird, desto mehr – kompensatorisch – muß erzählt werden: sonst sterben die Menschen an narrativer Atrophie.« (Marquard, 1986, S. 105)

Bedeutende Narrative wie Mythen, Märchen, Religion und Literatur berühren Sinnfragen, indem sie die grundlegenden Fragen unseres Daseins aufgreifen. Als symbolische Texte sind sie jedoch nicht vollständig erfassbar, sondern entziehen sich zumindest teilweise dem Verständnis. Auch deshalb bleibt dazu Gesagtes und Erfahrenes vorläufig und kann wissenschaftlich meistens nicht bewiesen werden. Dem Leser wird deshalb große Offenheit abverlangt sowohl für das Thema als auch die Art der Annäherung.

# 1 C. G. Jungs Konzept von Ich und Selbst

## Ich, Ich-Bewusstsein und Ich-Komplex bei C. G. Jung

Werfen wir einen Blick darauf, wie C. G. Jung das Ich zu definieren und umschreiben versucht:

»Trotz der unabsehbaren Reichweite seiner Grundlagen ist das Ich nie mehr und nie weniger als das Bewußtsein überhaupt. Als Bewußtseinsfaktor könnte das Ich, theoretisch wenigstens, vollständig beschrieben werden. Dies würde aber nie mehr als ein Bild der *bewußten Persönlichkeit* liefern, in welchem alle dem Subjekt unbekannten respektive unbewußten Züge fehlen. Das Gesamtbild der Persönlichkeit müßte diese aber einschließen.« (Jung, GW Bd. 9/2, § 7)

Gemäß Jung sind Ich und Bewusstsein als Fähigkeit zu Wissen, Erkennen und Verstehen identisch. Damit sind einige zentrale Aspekte des Bewusstseins benannt, aber was genau Bewusstsein ausmacht und wie es funktioniert, ist bis heute nicht geklärt. Der Neurobiologe Antonio Damasio (Damasio, 2001, S. 23) bezweifelt sogar grundsätzlich, dass die Kognitionswissenschaften das Phänomen »Bewusstsein« je begreifen und erklären können. Trotz dieser Verständnisschwierigkeit kommen wir nicht umhin, mit dem Begriff »Bewusstsein« zu arbeiten.

Während Bewusstsein unsere allgemeine Fähigkeit darstellt, Wissen über die Welt und Kompetenzen zu erwerben, ermöglicht das Ich-Bewusstsein die Erkenntnis um und über uns selbst. Dieses Eigenbewusstsein ist bei der Geburt noch nicht vorhanden, sondern entwickelt und differenziert sich schrittweise. Etwa im Alter von zwei Jahren erfolgt die Geburt des Ich-Bewusstseins, wenn ein Kleinkind von sich nicht mehr in der dritten Person spricht, also nicht länger sagt: »Sarah möchte einen Keks«, sondern erklärt: »Ich möchte einen Keks.«. Den auftauchenden Charakter des Ich-Bewusstseins erleben Erwachsene gelegentlich beim Aufwachen. Für einen winzigen Moment ist uns nicht klar, wo wir sind oder welcher Tag gerade ist. Erst das erwachte, bewusste Ich besitzt die Fähigkeit, sich zu orientieren und zwar räumlich, zeitlich und zur eigenen Person. Sehr selten geschieht es bei einem Gesunden, dass man für wenige Momente morgens nicht einmal weiß, wer erwacht. Marc Wittmann (Wittmann, 2015, S. 7) hat das einmal erlebt. In kürzester Zeit seien jedoch seine Erinnerungen zurückgekehrt und damit auch die Gewissheit über sein Ich, die Gewissheit »sich selbst zu sein und zu existieren«. Unsere Erinnerungsfähigkeit ist somit eine Voraussetzung für die Ich-Bewusstheit, und tatsächlich können wir uns an Erlebnisse aus der gesamten Vor-Ich-Zeit unserer frühen Kindheit nicht bewusst erinnern. Bewusste Erinnerungen werden erst möglich, sobald das Ich existiert. Gleichzeitig bilden Erinnerungen das Fundament des Ich, denn ohne autobiografisches Gedächtnis wissen wir nicht, wer wir sind, wie unser Ich beschaffen und in der Welt eingebettet ist. Das Ich ist sich seiner selbst bewusst, sobald wir Geschichten von uns kennen, uns also ein Narrativ unseres Ich zugänglich ist.

Doch die Sache ist nicht ganz so einfach. Damasio (Damasio, 2001, S. 104 ff) beschreibt verschiedene Stufen des Ich-Bewusstseins. Unser erweitertes Ich-Bewusstsein benötigt laut Damasio eine große Palette kognitiver Fähigkeiten wie Aufmerksamkeit, Konzentration, Nachdenken, usw. Insbesondere Lernen und Erinnern befähigen das erweiterte Ich-Bewusstsein zu komplexen Interaktionen mit sich und der Welt. Vor jeder Kognition und Erinnerung zur eigenen Person und damit auch unabhängig von Lernerfahrungen existiert nach Damasio ein sogenanntes Kernbewusstsein (core self), nämlich ein Präsenzgefühl, als Empfindung ein Ich bzw. sich selbst zu sein.

Solange dieses Kernbewusstsein intakt ist – so Damasio – haben Menschen Emotionen. Emotionen und das primäre Kernbewusstsein sind demnach untrennbar miteinander verknüpft, weshalb der Titel seines Buches lautet: *Ich fühle, also bin ich*. Diese These passt zu Jungs Konzept vom Ich als einem Komplex:

»Unter ›Ich‹ verstehe ich einen Komplex von Vorstellungen, der mir das Zentrum meines Bewußtseinsfeldes ausmacht und mir von hoher Kontinuität und Identität mit sich selber zu sein scheint. Ich spreche daher auch vom *Ich-Komplex*. [...] bewußt ist mir ein psychisches Element, insofern es auf den Ich-Komplex bezogen ist. [...] der Ich-Komplex ist bloß ein Komplex unter anderen Komplexen.« (Jung, GW Bd. 6, § 730)

Die lateinische Sprachwurzel des Wortes Komplex:»umfassen, sich umschlingen und vollständig machen« deutet an, dass jeder Komplex ein relativ abgeschlossenes Ganzes bildet und aus mehreren, ineinander verwobenen Komponenten besteht. Zum Komplex gehören alle im Gedächtnis gespeicherten Beziehungserfahrungen und Vorstellungen zum Thema des Komplexes. Beim Ich-Komplex wären das Erlebnisse, Bilder, Gedanken, Überzeugungen bzw. Wahrnehmungen zum eigenen Ich. Mit diesen Inhalten untrennbar verknüpft sind Gefühle, bzw. eine ganze Gefühlspalette. Und diese Gefühle zeigen, dass unser Ich-Komplex kein rein geistiges, sondern ein körperlich verankertes Bewusstseinsphänomen ist, denn Gefühle sind immer psychosomatisch, immer auch Körpererfahrung. Bilder wie »Schmetterlinge im Bauch« oder »Kloß im Hals« erinnern uns an diesen Zusammenhang. Deshalb muss das von Damasio beschriebene Kernbewusstsein des Ich im Körper wurzeln, worauf bereits der englische Originaltitel seines Buches *The Feeling of What Happens, Body and Emotion in the Making of Consciousness* verweist. Ohne Körper, da ist Damasio mit Jung einig, gibt es also weder Bewusstsein noch Ich-Bewusstsein. Und diesen Körperbezug beschreibt Jung so:

»Der Ich-Komplex ist beim normalen Menschen die oberste psychische Instanz: wir verstehen darunter die Vorstellungsmasse des Ichs, welche wir uns von dem mächtigen und immer lebendigen Gefühlston des eigenen Körpers begleitet denken.« (Jung, GW Bd. 3, § 82)

Der Ich-Komplex ist somit ein psychosomatisches Phänomen, bei dem Emotionen eine wesentliche Rolle spielen. Diese Emotionen sind nicht immer bewusst, sei es, weil sie verdrängt sind oder als unbewusste oder halbbewusste Hintergrundaktivität mitlaufen. Deshalb ist der Ich-Komplex mehr als unser Ich-Bewusstsein und m. E. nie vollständig bewusst. Das Ich-Bewusstsein als Zentrum des Ich-Komplexes kann aber die Aufmerksamkeit auf diese Emotionen, auf Vergessenes oder Verdrängtes lenken und sie weitgehend bewusstmachen.

Ich-Bewusstsein befähigt Menschen, das eigene Spiegelbild zu erkennen. Diese Fähigkeit ist nicht trivial, sondern ein evolutionärer Vorsprung, denn abgesehen von Schimpansen und Delfinen können Tiere ihr Spiegelbild nicht sich selbst zuordnen und reagieren mit Desinteresse, Flucht oder Angriff (vgl. Roth, 2001, S. 330). Was passiert psychologisch, wenn wir uns im Spiegel betrachten? Was lehrt uns diese Fähigkeit über das Wesen des Ich-Bewusstseins? Vor dem Spiegel spalten wir uns auf in Beobachter und Beobachtbarem, sind somit gleichzeitig Subjekt und Objekt, was Thomas Bernhard in seiner Erzählung »Gehen« verdeutlicht:

> »Wenn wir uns selbst beobachten, beobachten wir ja immer niemals uns selbst, sondern immer einen anderen. Wir können also niemals von Selbstbeobachtung sprechen, oder wir sprechen davon, dass wir uns selbst beobachten als der, der wir sind, wenn wir uns selbst beobachten, der wir aber niemals sind, wenn wir uns nicht selbst beobachten, und also beobachten wir, wenn wir uns selbst beobachten, niemals den, welchen wir zu beobachten beabsichtigt haben, sondern einen Anderen.« (Bernhard, 2013, S. 87)

Ich-Bewusstheit ist somit ein Akt der Trennung, weshalb Ich-Bewusstsein und Ich-Sein bzw. Sich-selbst-Sein nicht dasselbe sind. In der japanischen Sprache ist das offensichtlich, denn »erkennen« heißt gleichzeitig »geteilt sein«. Den Unterschied, um den es geht, kann man vergleichen mit dem Unterschied zwischen Zeuge-Sein und Betroffen-Sein. Ich-Bewusstsein bedeutet somit auch, dass wir unsere Bewusstseinsfähigkeit erkennen und darüber nachdenken können – was ohne Sprache nicht möglich wäre. Sprache und Begriffe sind Voraussetzung der Bewusstwerdung.

Vor dem Spiegel erkennen wir uns, weil zwischen uns und dem Spiegel eine Distanz liegt. Ich-Bewusstheit braucht Distanz und befähigt zur Distanz. Doch wir müssen uns nicht nur konkret vor den Spiegel stellen, um etwas über uns zu erfahren, sondern können uns auch psychologisch betrachten. Wenn wir beispielsweise wütend sind, können wir uns fragen, was gerade mit uns los ist und aus einer gewissen Distanz heraus einen wütenden Persönlichkeitsanteil von uns bewusst beobachten. Dieses Distanzieren hat den Vorteil, dass wir nicht ständig oder vollständig dem Affekt ausgeliefert sind. Wenn das Ich-Bewusstsein die Wut erkennt, muss ein Zerstörungsimpuls nicht zwangsläufig die Oberhand gewinnen und als eine Art Naturkatastrophe das Ich überwältigen.

Das bewusste Ich hat zumindest gelegentlich die beschriebene Wahlmöglichkeit, was es angesichts einer unbändigen Wut tun will. Erst das Ich-Bewusstsein ermöglicht eine solche Abwägung. Ich-Bewusstsein ist die Voraussetzung für eine solche subjektiv empfundene Freiheit:

>»[...] trotz aller kausalen Gebundenheit besitzt der Mensch ein Freiheitsgefühl, das mit der Autonomie des Bewußtseins identisch ist. [...] Die Existenz des Ichbewußtseins hat nur Sinn, wenn sie frei und autonom ist.« (Jung, GW Bd. 11, § 391)

und

>»Das Ich [...] hat in der Reichweite des Bewußtseinsfeldes – wie man sagt – *Willensfreiheit*.« (Jung, GW Bd. 9/2, § 9)

Der sogenannte freie Wille zeigt sich aus neurobiologischer Sicht (Solms & Turnbull, 2004, S. 292) vor allem durch die Fähigkeit, etwas unterlassen zu können. Der freie Wille, dessen physische Korrelate sich nach heutiger Kenntnis in den Präfrontallappen befinden, befähigt uns, Instinkte oder Affekte zu hemmen. Hier beweist das Ich Frustrationstoleranz, Bezogenheit und Disziplin. Dieser freie Wille des Ich ist die Grundlage bzw. Voraussetzung der menschlichen Kultur, denn er ermöglicht eine zunehmende Befreiung von Naturzwängen. Während wilde Tiere bis heute den Naturgesetzen ohne Wenn und Aber ausgeliefert sind, hat sich das Ich durch den freien Willen zunehmend mehr innere und äußere Spielräume erobert.

## Das Selbst bei C. G. Jung

Psychologisch gesehen besteht der Mensch laut Jung aus dem Bewusstsein und dem Unbewussten. Für die Summe der beiden Teile benutzt Jung den Begriff des Selbst:

>»Ich habe daher vorgeschlagen, die vorhandene, jedoch nicht völlig erfaßbare Gesamtpersönlichkeit als das *Selbst* zu bezeichnen.« (Jung, GW Bd. 9/2, § 9)

und

> »Wenn wir nun vom Menschen sprechen, so meinen wir dessen unbegrenzbares Ganzes, eine unformulierbare Totalität, die nur symbolisch ausgedrückt werden kann. Ich habe den Ausdruck ›Selbst‹ gewählt, um die Totalität des Menschen, die Summe seiner bewußten und unbewußten Gegebenheiten, zu bezeichnen.« (Jung, GW Bd. 11, § 140)

Jung behauptet, dass wir weder genau wissen noch in Worte fassen können, wie oder wer wir eigentlich sind. Mit unserer Erkenntnisfähigkeit, also unserem Ich-Bewusstsein stoßen wir diesbezüglich an substanzielle Grenzen, weil das Unbewusste nie vollständig bewusst werden kann. Da immer etwas verborgen bleibt, ist es unheimlich schwer, Genaues über das Selbst – so wie Jung den Begriff benutzt – auszusagen. Das Selbst als Gesamtpersönlichkeit übersteigt gewissermaßen unseren Horizont, wir können es prinzipiell nur annäherungsweise verstehen. Im Zusammenhang mit dieser Uneindeutigkeit und Unklarheit spricht der Literaturprofessor Peter von Matt vom »menschlichen Urrätsel« (von Matt, 2003, S. 58): Wir wissen, dass wir sind, aber nicht genau, was und wer wir sind. Dieses Geheimnis kann seines Erachtens der Verstand nicht lösen. Es braucht dazu die Dichtung, und er verweist auf Angelus Silesius, den Theologen, Arzt und Mystiker im 17. Jahrhundert, der zwar vom Ich spricht, damit aber wohl eher das Selbst im Sinne von C. G. Jung beschreibt:

> »Ich weiß nicht, was ich bin / Ich bin nicht was ich weiß:
> Ein Ding und nit ein Ding: Ein Stüpfchin und ein Kreis.« (zit. nach von Matt, 2003, S. 58)

Das Stüpfchin ist der Kreismittelpunkt, in den der Zirkel gestochen wird. Als Punkt ist das Stüpfchin mathematisch ein Nichts, ein Ort ohne Ausdehnung. Gleichzeitig ist dieses winzige Löchlein als Geburtsort und Zentrum des Kreises von zentraler Bedeutung. In diesem Gedicht schwingt die Spannung zwischen dem Erleben von Nichtigkeit (Stüpfchin) und Wichtigkeit (Kreismittelpunkt) mit. Vielen ist eine solche Spannung aus ihrem Selbstwerterleben vertraut, das zwischen dem Gefühl von absoluter Wertlosigkeit (der Mensch als kleines Rädchen) und Selbsterhöhung bzw. Selbstüberschätzung (nichts ist unmöglich) schwanken kann. Immanuel Kant definiert diese Gegensatzspannung in seiner *Kritik der praktischen Vernunft* folgendermaßen:

> »Zwei Dinge erfüllen das Gemüt mit immer neuer und zunehmender Bewunderung und Ehrfurcht, je öfter und anhaltender sich das Nachdenken damit beschäftigt: der bestirnte Himmel über mir und das moralische Gesetz in mir. [...] Der erstere Anblick einer zahllosen Weltenmenge vernichtet gleichsam meine Wichtigkeit. [...] Der zweite erhebt dagegen meinen Wert, als einer Intelligenz, unendlich, durch meine Persönlichkeit, in welcher das moralische Gesetz mir ein von der Tierheit und selbst von der ganzen Sinnenwelt unabhängiges Leben offenbart.« (Kant, 1986, S. 160)

Die Fähigkeit zu Moral und Ethik ist für Kant der zentrale Wert, an dem sich Bedeutung und Wert des Menschlichen messen lassen, was an die zuvor erwähnte neurobiologische Definition des freien Willens erinnert.

# Paradoxie des Selbst

Jung beschreibt zwei Aspekte des Selbst: einerseits als Gesamtpersönlichkeit und andererseits als Zentrum unserer Gesamtpersönlichkeit. Rational schwer verständlich kann das Selbst demnach gleichzeitig auf zwei fundamental unterschiedliche Arten erlebt werden: als eine das Ich umfassende Ganzheit oder als unbewusster Persönlichkeitsmittelpunkt, der als innere Zentrale mit einem schwächeren Ich-Bewusstsein bzw. dem Ich-Komplex in Beziehung steht:

> »[...] wenn wir das Ich auffassen als untergeordnet oder enthalten in einem übergeordneten *Selbst* als dem Zentrum der ganzen, unbegrenzten und undefinierbaren psychischen Persönlichkeit.« (Jung, GW Bd. 11, § 67)

Gleichzeitig sind Ich und Selbst miteinander verwoben, ohne dass die Beziehungsqualität ganz eindeutig fassbar ist:

> »Wie man das Selbst immer definieren mag, so ist es etwas anderes als das Ich, [...] ein Umfänglicheres, welches die Erfahrung des Ich in sich schließt und es daher überragt. Gleich wie das Ich eine gewisse Erfahrung meiner selbst ist, so ist das Selbst eine Erfahrung meines Ich, welche aber nicht mehr in Form eines erweiterten oder höheren Ich, sondern in Form eines Nicht-Ich erlebt wird.« (Jung, GW Bd. 11, § 885)

Dieses Phänomen kennt die Autorin Janne Teller vom Schreiben. Ihre Worte fließen aus einer Quelle, die mit dem Ich nicht identisch ist, ohne dass klar ist, wer in wem enthalten ist:

> »[...] wenn ich schreibe. Dann hängt Alles zusammen, dann weiß ich Alles, denn dann bin ich nicht ich, sondern ein Teil von diesem Alles, und Alles ist es, das die Wörter findet. [...] Alles ist kein Zustand, in dem man sich frei bewegen kann. [...] Man kann auch nicht sagen, dass man Alles weiß, denn schließlich sind die Dinge gleichzeitig so, wie sie keinesfalls sind. Es ist bloß so, als wäre Alles ein Teil von einem selbst, oder vielleicht auch umgekehrt, sodass man selbst Teil von Allem ist und daher dessen Wissen anzapfen kann. [...] Man kann nicht vom Alles reden, ohne dass Alles verschwindet. [...] Alles kann auch nicht in den Fingern sein, aber durch sie hindurchströmen.« (Teller, 2013, S. 128 ff)

und

> »*Alles* ist so etwas wie ein endloser See der universellen Menschheit. [...] *Alles* ist der See, den ich anzapfe, wenn ich schreibe.« (Teller, 2013, S. 141 f)

Janne Tellers »Alles« reicht weit über das persönliche Ich und persönliche Unbewusste hinaus. Es gehört der ganzen Menschheit, weshalb alle daran teilhaben. Die Analytische Psychologie spricht hier vom kollektiven Unbewussten – eine Schicht im Unbewussten an der die gesamte Menschheit Anteil hat – mit dem Selbst als Zentrum. Demnach wäre das Selbst nicht ausschließlich individueller, sondern auch transpersonaler, kollektiver Natur, was in der Terminologie von Angelus Silesius heißt:

> »Gott ist mein Mittelpunkt, wenn ich ihn in mich schließe: / mein Umkreis dann, wenn ich aus Lieb in ihn zerfließe.« (zit. nach Jung, GW Bd. 14/1, § 128, Fußnote 70)

Diese Formulierung von Silesius, aber auch die Aussage des biblischen Paulus: »Er ist in euch und ihr in ihm« kann ich nur deshalb heranziehen, weil Jung bei weiteren Aussagen zum Selbst einen Quantensprung macht, indem er das Selbst mit unserem innerseelischen Gottesbild gleichsetzt, was für manche eine Provokation sein mag:

> »Die Psychologie ist, wie gesagt, nicht in der Lage, metaphysische Behauptungen aufzustellen. Sie kann nur konstatieren, daß die Symbolik der psychischen Ganzheit mit der des Gottesbildes koinzidiert, aber niemals beweisen, daß ein Gottesbild Gott selber ist, oder daß das Selbst Gott ersetzt.« (Jung, GW Bd. 9/2, § 308)

und

»Intellektuell ist das Selbst nichts als ein psychologischer Begriff, eine Konstruktion, welche eine uns unerkennbare Wesenheit ausdrücken soll, die wir als solche nicht erfassen können, denn sie übersteigt unser Fassungsvermögen, wie schon aus ihrer Definition hervorgeht. Sie könnte ebensowohl als ›der Gott in uns‹ bezeichnet werden. Die Anfänge unseres ganzen seelischen Lebens scheinen unentwirrbar aus diesem Punkt zu entspringen, und alle höchsten und letzten Ziele scheinen auf ihn hin zu laufen. [...]. Ebensowenig handelt es sich um eine Vergottung des Menschen oder um eine Herabsetzung Gottes. [...] Wenn wir daher den Begriff eines Gottes gebrauchen, so formulieren wir damit einfach eine bestimmte, psychologische Tatsache, nämlich die Unabhängigkeit und Übermacht gewisser psychischer Inhalte, die in ihrer Fähigkeit, den Willen zu durchkreuzen, das Bewußtsein zu obsedieren und die Stimmungen und Handlungen zu beeinflussen, sich ausdrückt.« (Jung, GW Bd. 7, § 399 f)

und

»Einheit und Ganzheit [...] ihre Symbole lassen sich von der imago Dei nicht unterscheiden.« (Jung, GW Bd. 9/2, §60)

Dass Gott bzw. das Gottesbild nicht außerhalb, sondern in uns zu finden ist, meint bereits der Sufi-Meister Dschalāl ad-Dīn Muhammad ar-Rūmī im 13. Jahrhundert n. Chr.:

»Ich versuchte, ihn zu finden am Kreuz der Christen, aber er war nicht dort.
Ich ging zu den Tempeln der Hindus und zu den alten Pagoden, aber ich konnte nirgendwo eine Spur von ihm finden. Ich suchte ihn in den Bergen und Tälern, aber weder in der Höhe noch in der Tiefe sah ich mich imstande, ihn zu finden.
Ich ging zur Kaaba in Mekka, aber dort war er auch nicht. Ich befragte die Gelehrten und Philosophen, aber er war jenseits ihres Verstehens.
Ich prüfte mein Herz, und dort verweilte er, als ich ihn sah. Er ist nirgends sonst zu finden.«

Die Frage nach Innen oder Außen führt aus psychologischer Sicht zum Phänomen der Projektion. Projektion meint, dass eigene unbewusste Seelenanteile in die Außenwelt verlagert und dort wahrnehmbar werden. In der menschlichen Seele Verborgenes kann unwissentlich und unabsichtlich an ein äußeres Objekt geheftet werden. Dadurch wird dieses äußere Objekt mit Eigenschaften beladen, die es in Realität in dieser Form nicht besitzt. Wenn der Volksmund etwa von der »rosaroten Brille« bei

Verliebten spricht, beschreibt er die projektiv getrübte Sicht unter frisch Verliebten. Verliebte nehmen sich nicht ganz realistisch wahr, sehen sich eher zu positiv und überschätzen einander. Und was in den anderen hineingedeutet wird, ist ein Stück der eigenen Seele. Innenwelt und Außenwelt sind also verschränkt: ein Teil des Subjekts wird im Objekt gesehen. Und all diejenigen, die nicht verliebt sind und deshalb nicht projizieren, wundern sich über diese Wahrnehmungen oder Zuschreibungen.

Doch Projektion sollte nicht mit Irrtum verwechselt werden. Einen gewöhnlichen Irrtum einzusehen, ist für viele unproblematisch, nachdem sie neue oder ergänzende Informationen erhalten haben. Die Korrektur einer Projektion ist hingegen ziemlich schwierig, weil die Wucht der Realität zu Enttäuschung, Wut, Selbstwertkrisen oder Depressionen führen kann. Während uns nämlich die Projektion an einen Menschen, eine Ideologie, Sache, Aufgabe usw. emotional bindet, führt die Rücknahme einer Projektion zu Trennung und Verlust, die in der Regel ebenfalls mit intensiven Emotionen einhergehen. Wer also einen frisch verliebten Menschen auf eine unpassende Projektion aufmerksam machen will, wird häufig an der affektiven Macht der Projektion scheitern. Vernunft ist ein zu schwaches Werkzeug gegen den Glauben, dass die Projektion stimmt.

Wenn nun die menschliche Fähigkeit zur Projektion das Selbst miteinschließt, wäre das Gottesbild eine zeitgeistabhängige Konstruktion des menschlichen Geistes. Psychologisch ist dann zwischen solchen Gottesbildern, einem möglichen göttlichen Seelenkern im Menschen, wie etwa von Silesius und Rumi beschrieben sowie einer davon unabhängigen Existenz Gottes zu unterscheiden. Über die Gottesbilder kann geforscht und gesprochen werden, über Gott selbst weit weniger, denn Gott ist nach Ansicht vieler jenseits aller räumlichen Denkkategorien, was die jüdische Mystik so formuliert: »Spricht man von Gott, so spricht man, ach, von Gott nicht mehr.« (Röser, 2014, S. 130)

Jung bezeichnet das Selbst in seiner Form als Persönlichkeitszentrum auch als göttliche Autorität des Unbewussten, als göttlichen Willen oder Gottes Stimme (Jung, GW Bd. 9/2, § 49). In der Regel ist diese Stimme klar von der Stimme der Vernunft zu unterscheiden, die zum Ich-Bewusstsein und Ich-Komplex gehört.

Eine 40-jährige Architektin beschreibt diese innere Erfahrung so: »Eines Morgens beim Kaffee sagte eine Stimme plötzlich zu mir: ›Du wärst besser alleine!‹ Ich war fassungslos. Was war denn das gerade? Werde ich jetzt verrückt? Doch die Stimme war wirklich da, irgendwie warmherzig und gleichzeitig brutal, auch kalt, ja ganz deutlich. Sie ähnelte meiner eigenen Stimme und war doch anders. Es war eine sehr beeindruckende, berührende Stimme. Ein Jahr später tauchte die Stimme erneut wie aus dem Nichts auf und meinte: ›Du kannst den Job nicht mehr machen.‹ Wenn ich jetzt davon erzähle, kommen mir die Tränen. Die Stimme erschütterte mich gewaltig. Es ist meine Stimme, aber es wäre falsch zu sagen, dass Ich das gesagt habe. Besser kann ich das nicht beschreiben.«

Und als ein pensionierter Beamter im Traum eine Stimme sagen hörte: »Öffne endlich die verstaubte Korbtruhe im Keller!«, spürte er, dass er sich endlich seiner Vergangenheit stellen musste. Er wachte auf mit dem Gefühl, den Auftrag von einer höheren Instanz außerhalb seines Ich erhalten zu haben.

Wer eine derartige Stimme vernimmt und sich damit kritisch auseinandersetzt, hat im Verständnis der Analytischen Psychologie eine religiöse Haltung. Religiosität wird hier verstanden als ein Bezogensein auf das Selbst, als sorgfältige Beachtung des Selbst durch das bewusste Ich. Zu dieser Beziehung zwischen Ich und Selbst schreibt Jung:

»Das Ich ist definitionsgemäß dem Selbst untergeordnet und verhält sich zu ihm wie ein Teil zum Ganzen. […] Unsere Willensfreiheit findet ihre Grenzen […] wo sie mit den Tatsachen des Selbst in Konflikt gerät. […] Es ist sogar eine bekannte Tatsache, daß das Ich nicht nur nichts gegen das Selbst vermag, sondern auch gegebenenfalls durch in Entwicklung begriffene, unbewußte Persönlichkeitsanteile assimiliert und in hohem Grade verändert wird.« (Jung, GW Bd. 9/2, § 9)

Jungs Aussage über die Beziehung zwischen einem schwächeren Ich und dem mächtigeren Selbst mag die unangenehme, ja vielleicht sogar inakzeptable Vorstellung eines unterlegenen, schwachen Ich wecken.[1] Doch

---

[1] In diesem Sinn hat ein Journalist reagiert, als im März 2017 der deutsche Bundespräsident Frank Walter Steinmeier bei seiner Vereidigung die Formel gesprochen hat: »So wahr mir Gott helfe«. Steinmeier habe mit dieser altertümlichen Formel Beistand von oben erfleht und damit eingeräumt, dass er alleine zu schwach sei für das Amt.

eine solche negative Sichtweise wäre einseitig. Wie auf das Ich das machtvollere Selbst bereichernd und gewinnbringend einwirken kann, weiß der französische Pianist Lucas Debarque:

»Musik ist spirituell. Sie hat mit der Seele zu tun. Man muss hellwach sein und sich für das Öffnen was einen umgibt. Es geht nicht um das Ego. Ich zum Beispiel weiß gar nicht, was ich will. Ich lasse es mit mir geschehen. Ich kann nicht anders. Ich tue das, was ich tun muss.« (Debarque, 2016)

Lucas Debarque beschreibt, wie er es wagt, aber auch als unumgänglich erlebt, sein Ich offen zu halten für den Zustrom aus dem Unbewussten. Die eigentliche Aufgabe des Ich ist es, das kreative Material, in seinem Fall die Musik, aufzugreifen, und in eine Form zu bringen für sich und andere. Kreativität schöpft somit aus einer Quelle im kollektiven Unbewussten, was Janne Teller ganz ähnlich beschrieben hat. Auch Wissenschaftler kennen dieses Phänomen. So soll der Chemiker August Kekulé die Ringgestalt des Benzolmoleküls entdeckt haben, nachdem eine sich in den Schwanz beißende Schlange vor seinem inneren Auge aufgetaucht war. Kekulé hatte bereits intensiv über die Struktur des Benzolmoleküls nachgedacht, steckte aber fest, als beim Dösen plötzlich dieses innere Bild auftauchte. Der Durchbruch gelang nur, weil sein Ich dieses Bild beachtet und nicht gleich als unsinnig oder irrelevant verworfen hat. Ohne Ich-Bewusstsein könnten die Schätze des Unbewussten nicht gehoben werden. Das Selbst braucht das Ich, um erkannt und realisiert zu werden. Letztlich brauchen sich Ich und Selbst gegenseitig, wodurch die Machtfrage eigentlich obsolet wird, was Angelus Silesius so formuliert:

»Ich bin so groß als Gott, Er ist als ich so klein;
Er kann nicht über mir, ich unter ihm nicht sein.«
(zit. nach Hultberg, 2009, S. 225)

Die seit Menschengedenken vorhandenen Gottesbilder sagen zunächst nichts aus über die mögliche Existenz eines Gottes. Gemäß dem Physiker Wolfram Schommers (Schommers, 1997, S. 498) und den Neurobiologen Solms und Turnbull (Solms & Turnbull, 2004, S. 69) können wir über die fundamentale Wirklichkeit und damit auch über die Existenz oder Nicht-Existenz Gottes prinzipiell keinerlei wissenschaftlich fundierte Aussage machen, sondern müssen uns mit Bildern begnügen. Und wir wissen grundsätzlich nicht, wie weit diese Bilder den tatsächlichen Strukturen der fundamentalen Wirklichkeit nahekommen. Diese Grundannahme deckt sich mit Jungs Definition des Archetyps und interessiert uns, weil er das Selbst als wichtigsten Archetyp überhaupt versteht (Jung, GW Bd. 9/2, § 422). Das Selbst ist in seiner Vorstellung wie jeder Archetyp unanschaulich, unbekannt und unformulierbar, da es zur fundamentalen Wirklichkeit gehört. Das Selbst kann wie jeder Archetyp nur mehr oder weniger treffend durch Bilder, Symbole und Gleichnisse ausgedrückt werden. Im Fall des Archetyps des Selbst sind das zunächst die Gottesbilder der verschiedenen religiösen Überlieferungen. Psychologisch betrachtet sind solche Bilder und Überlieferungen menschliche Projektionen. Das eigentliche Selbst liegt wie jeder Archetyp hinter diesen Projektionen unerkennbar verborgen. Das wiederum schließt nicht aus, dass einige Menschen Zugang zu dieser Wirklichkeit haben, indem sie mit einer Intuition, Vision oder Erfahrung über die »Grenze« blicken.

Wie der Ich-Komplex kann auch das Selbst kein rein geistiges Phänomen sein, sondern schließt unseren Körper mit ein:

> »In der westlichen Psychologie dagegen steht das ›Selbst‹ für eine Totalität, welche Instinkte, physiologische und halb physiologische Phänomene, umfasst. Für uns ist eine rein geistige Wirklichkeit unvorstellbar.« (Jung, GW Bd. 11, § 808)

und

> »Psychologisch beginnt die ›göttliche‹ Domäne unmittelbar jenseits des Bewußtseins, denn dort schon ist der Mensch der Naturordnung auf Gedeih und Verderb preisgegeben.« (Jung, GW Bd. 11, § 231)

Das Selbst als Gesamtpersönlichkeit ist auch Körper, und die aus dem Unbewussten heraus wirkenden Instinkte und Triebe sind mächtige Kräfte. Dem Ich fällt es schwer, sich ihnen zu wiedersetzen, was evident wird, wenn wir an Hunger, Durst, Sexualität oder Schlaf denken. Natürliche Triebe und Natur gehören für Jung zu den Gotteskräften, weshalb er nicht ausschließt, dass Unbewusstes und Gott ein und dasselbe sind:

> »[...] es kann nicht ausgemacht werden, ob die Gottheit und das Unbewußte zwei verschiedene Größen seien.« (Jung, GW Bd. 11, § 757)

Einen konservativ gläubigen Menschen mag es verstören, Gott mit dem Unbewussten gleichzusetzen. Wer wie Jung (Jung, GW Bd. 9/1, § 261)

Religion als die lebendige Beziehung des bewussten Ich mit den dunklen Seelenvorgängen des Unbewussten versteht, wird das kaum irritieren. Die Jung'sche Begrifflichkeit und Gleichung: Selbst = nicht erfassbare Gesamtpersönlichkeit = Gottesbild führt leicht zu sprachlichen Verwirrungen. Wenn wir im Alltag etwa von Selbstvertrauen, Selbstbewusstsein, Selbsterkenntnis, Selbstbehauptung usw. sprechen, meinen wir mit Selbst gelegentlich das Ich, häufig auch unser vollständiges Wesen, aber wohl selten ein Gottesbild oder etwas Göttliches. Mit dieser Gleichung kann man durchaus Mühe haben. Freilich könnte man argumentieren, dass uns das einfach nicht bewusst ist. Interessanterweise schreibt der jüdische Gelehrte Friedrich Weinreb, Gotteserfahrung sei Selbsterfahrung (Weinreb, 2002, S. 34) und bringt damit wie Jung beide Phänomene in Zusammenhang.

## Symbole des Selbst

In welchen Bildern und Symbolen zeigt sich nun das Selbst?

> »Das Selbst […] seine Symbole schwanken zwischen Höchstem und Niedrigstem.« (Jung, GW Bd. 9/2, § 57)

Diese Vorstellung widerspricht der Idee eines ausschließlich guten Selbst. Zum Selbst gehört nicht nur das Gute, Rettende und Heilsame, sondern auch das Furchtbarste, was man sich vorstellen kann. Meister Eckhart spricht diesbezüglich von der Hölle auf dem Grund der menschlichen Seele (von Franz, 1978, S. 114).

Wie solche Extreme zusammenkommen können, zeigt der Traum eines erwachsenen Mannes, den er aus seinem 15. Lebensjahr in lebhafter Erinnerung behalten hat (vgl. Steiner, 2013, S. 67): Im Traum steht der Träumer in einer völlig zerstörten Stadt. Um ihn herum liegen Schutt und verbogenes Metall, daneben gibt es kleine Wasserpfützen, in denen sich ein Regenbogen in prächtigen Farben spiegelt. Der Träumer gerät in eine ekstatische Stimmung. Ekstase ist ein unverfügbares Phänomen, über das wir nicht willentlich gebieten; es geschieht einfach. Deshalb vermute ich, dass der Träumer eine erregende, belebende Erfahrung des Selbst gemacht hat. Zerstörte Stadt und Regenbogen könnten gegensätzliche Pole des Selbst sein und intensive Emotionen auslösen: Furcht, Verzweiflung, aber auch Faszination bis hin zur Ekstase. Im Traum wird die Zerstörung ergänzt durch einen äußersten Gegensatz: einen farbenfrohen Regenbogen, dessen Anblick viele Menschen erfreut. Als Brücke zwischen Himmel und Erde symbolisierte er im Altertum die Beziehung zwischen Mensch und Gott, zwischen Ich und Selbst. Ein dazu überliefertes Bild ist der Regenbogen, den Gott nach der Sintflut als Zeichen seines Bundes mit den Menschen an den Himmel gesetzt hat. Der Therapeut erwähnt, dass die innere Welt des Patienten von Trostlosigkeit, Verzweiflung und zerstörten Objekten beherrscht war. Eine unerträgliche Situation. Nimmt man den Traum vollständig wahr, zeigt sich neben dieser Destruktivität etwas Wunderbares. Auch wenn es schwer ist, sich auf eine solche irrationale Koexistenz von Schrecklichem und Lichtem einzulassen, kann ein solcher Traum dazu auffordern, sich dieser Frage zuzuwenden. Wobei es um Grausames und Gutes nicht nur in der äußeren Welt geht, sondern auch im Menschen selbst. Da geht es auch um die Frage, warum Menschen fähig sind, andere zu foltern, während sie sich in anderen Situationen liebevoll verhalten. Es geht um das Rätsel der menschlichen Abgründe und Destruktivität. Auch das gehört zum Selbst. Jung beschreibt weiter die inhaltliche Vielfalt der Symbole des Selbst:

»Das Selbst wird auch empirisch nicht als Subjekt, sondern als Objekt empfunden, und zwar vermöge seines unbewußten Anteils, der nur indirekt, nämlich via Projektion, zur Bewußtheit gelangen kann. Durch den unbewußten Anteil ist das Selbst dermaßen vom Bewußtsein entfernt, daß es nur zum einen Teil durch menschliche Figuren ausgedrückt wird, zum anderen aber durch sachliche, abstrakte Symbole. Die menschlichen Figuren sind Vater und Sohn, Mutter und Tochter, König und Königin, Gott und Göttin. Theriomorphe Symbole sind Drachen, Schlange, Elefant, Löwe, Bär oder sonstwie mächtige Tiere, oder im Gegenteil Spinne, Krebs, Schmetterling, Käfer, Wurm usw. Pflanzliche Symbole sind in der Regel Blumen (Lotus und Rose!). Diese leiten über zu geometrischen Gebilden, wie Kreis, Kugel, Quadrat, Quaternität, Uhr, Firmament usw. Die unbestimmte Reichweite des unbewußten Anteils macht eben eine völlige Erfassung und Beschreibung der menschlichen Persönlichkeit unmöglich.« (Jung, GW Bd. 9/1, § 315)

Diese Aufzählung kann verwirren. Logisch ist das schwer verständlich. Wie soll man sich da orientieren, wenn das Selbst anscheinend auf alles Mögliche projiziert werden kann? Auf menschliche, tierische, pflanzliche, abstrakte oder unbelebte Figuren, auf Wertvollstes und Unrat? Läuft man da nicht Gefahr, hinter allem und jedem das Selbst zu vermuten? Durchaus. Und so weist in der Regel nicht der Bildinhalt allein, sondern die dazugehörige emotionale Erfahrung darauf hin, ob es um das Selbst gehen könnte. Erschütterung, Erstaunen, Erschrecken oder existentielles Ergriffensein sind nur einige Erfahrungen, die Menschen angesichts einer Berührung mit dem Selbst beschreiben, häufig verbunden mit einer subjektiven Gewissheit, von etwas Größerem, Majestätischem oder Heiligen berührt zu sein. Auch im Enthusiasmus kommt man dem Selbst nahe, falls man die wörtliche Übersetzung aus dem Griechischen ernst nimmt: »Der von Gott erfüllte« oder »von Gott in Besitz genommen sein«.

## Das Selbst als Gottvater – das Ich als Gotteskind

Warum beispielsweise das Selbst mit Mutter- bzw. Vaterprojektionen aufgeladen werden kann, ergibt sich aus der Vorstellung, dass sich das Ich aus dem Selbst heraus entwickelt:

> »Wie das Unbewußte, so ist das Selbst das a priori Vorhandene, aus dem das Ich hervorgeht. Es präformiert sozusagen das Ich. *Nicht ich schaffe mich selbst, ich geschehe vielmehr mir selber.*« (Jung, GW Bd. 11, § 391)

Diese Beschreibung betrachtet das Ich-Bewusstsein als Kind des Unbewussten, das zunehmend autonomer, aber niemals ganz unabhängig, niemals ganz frei vom Unbewussten wird. Ich und Unbewusstes, Ich und Selbst bleiben lebenslang aufeinander bezogen, manchmal in extremen Konflikten, manchmal im mehr oder weniger fruchtbaren Miteinander. Wenn das Unbewusste als Eltern des Ich begriffen wird, ist es nicht erstaunlich, dass im Lauf der Menschheitsgeschichte Mutter- und Vaterbilder auf das Selbst projiziert worden sind. Diese Bilder »übersteigen«

allerdings den menschlichen Vater und die menschliche Mutter. Deutlich wird das im biblischen Gott, der als Vater den Menschen nach seinem Ebenbild[2] geschaffen hat. Menschenbild (Ich) und Gottesbild (Selbst) sind demnach eng verwandt, gleichzeitig sehr verschieden, wenn man etwa an die Allmacht, Allwissenheit, Unsterblichkeit oder Schöpferkraft dieses Vatergottes denkt. Gott ist zwar nah am Menschen, aber doch ganz anders. Und wenn wir auf unseren menschlichen Vater oder eine andere Person dieses Vater-Gottesbild projizieren, dann wird diese Person mit übermenschlichen Eigenschaften erhöht, bewundert, verehrt – oder übermäßig stark gefürchtet bzw. gehasst. Solche Projektionen können eine ansteckende Wirkung entfalten und große Gruppen oder Völker erfassen. Viele Menschen projizieren dann in identischer Weise und teilen ihre Auffassung von Realität, die nun offiziell anerkannt wird etwa in Form einer Staatsreligion oder Ideologie. Die wenigen Zweifler gelten dann leicht als Ketzer oder Verräter, um vielleicht später, wenn alte Ideen überwunden sind und neue Vorstellungen gelten, als Vorreiter rehabilitiert zu werden.

Wer wie Jung das Selbst als Göttliches nicht dem Menschen extern gegenüberstehend, sondern auch zum Menschen gehörend begreift, kann biblische Texte als symbolische Beschreibung innerseelischer Prozesse deuten. Beim Blick in die Genesis erfahren wir etwas über die Bewusstseinsentwicklung des Menschen und somit über die Geburt des Ich. Durch das Essen vom Baum der Erkenntnis wird der Mensch befähigt, zwischen Gut und Böse zu unterscheiden. Menschsein heißt in der Bibel, Situationen und Handlungen moralisch-ethisch beurteilen zu können. Das bleibt nicht folgenlos, sondern führt zur Vertreibung aus dem Paradies. Die Bewusstseinsfähigkeit hat also eine Konsequenz. Der Mensch ist nicht länger harmonisch in die Naturgesetze eingezwängt oder eingebettet, und diesen Verlust der natürlichen Unschuld beschreibt die Bibel als Vertreibung aus dem Paradies. Dieses Bild verweist auf die ungemütliche Seite der Bewusstseinsfähigkeit: Weil wir die Folgen unseres Handelns verstehen und bewerten können, sind wir wohl als einzige irdische Lebewesen verant-

---

2 Über den Begriff Ebenbild gibt es Dissens. Statt mit Ebenbild übersetzen manche den hebräischen Begriff »Zelem« mit Ähnlichkeit, andere mit Schattenbild. Der Mensch wäre dann das Schattenbild Gottes. (Graf 2009, S. 87)

wortlich für unser Tun und uns zudem dieser Verantwortung bewusst. Sobald uns etwas bewusst ist, sind wir, psychologisch betrachtet, keine unschuldigen Kinder mehr. Und das kann unter Umständen als Belastung oder sogar Bedrohung empfunden werden.

Wie das im therapeutischen Kontext auftauchen kann, zeigt der Fall eines 50-jährigen Patienten: Er kritisierte seine Therapeutin, nachdem sie ihm zum ersten Mal seine Ressourcen gespiegelt hatte. Sein Ärger beruhte darauf, dass er eine Zuhörerin suchte, die ihm Halt und Wärme gibt, anstatt seine Selbstwahrnehmung und Selbsterkenntnis zu fördern. Etwas in ihm sträubte sich (noch) gegen Bewusstwerdung: Sie bedrohte seine Geborgenheitsgefühle.

Da Bewusstsein immer auch ein Gewahrwerden von Unterschieden ist, führt es zu Abnabelung und Eigenständigkeit. Das erleben manche als Einsamkeit, Verlorenheit oder Verstoßenwerden und versuchen es deshalb zu vermeiden. Insbesondere Menschen ohne sichere Bindungserfahrung können dadurch überfordert sein.

Ich-Bewusstsein braucht also ein tragfähiges, verantwortungsbereites Ich. Deshalb ist die Arbeit am Ich in der Therapie so wichtig, da ohne Ich-Stärke eine bewusste Auseinandersetzung mit innerseelischen und äußeren Herausforderungen nicht erfolgen kann. Und wenn Patienten eine starke (unbewusste) Sehnsucht nach infantiler Abhängigkeit oder Geborgenheit nicht überwinden können, wird ihre Abwehr gegen Bewusstwerdung zumindest zu Beginn einer Therapie eher hoch sein.

Bewusstwerdung im Rahmen einer Psychotherapie erweitert neurobiologisch betrachtet den funktionellen Einfluss des Präfrontallappens. Bildgebende Techniken haben gezeigt, dass funktionelle Veränderungen durch Psychotherapie im Wesentlichen in den Präfrontallappen lokalisiert sind (Solms & Turnbull, 2004, S. 299).

Die Bibel nennt eine weitere Konsequenz der menschlichen Erkenntnisfähigkeit: Der Mensch wird wie Gott. Hier steht, was Jung und Weinreb formuliert haben: Selbsterfahrung als Gotteserfahrung sowie Selbstwerdung = Gottwerdung. Die biblischen Bilder wissen also, wie das Ich durch Erkenntnis einen stetigen Zuwachs an Autonomie, Kompetenz und Wirkungsmacht erlangt. Kleinheit, Ohnmacht oder Hilflosigkeit des Ich können Schritt für Schritt verringert werden. Anders formuliert: Fähigkeiten, die früher dem Selbst (Gottesbild) gehörten, und dem menschlichen Einfluss verwehrt waren, sind nun zunehmend im Verfügbarkeitsbereich der Menschheit angelangt. Die griechische Mythologie beschreibt das als Raub, etwa, wenn Prometheus den Göttern das Feuer stiehlt, um es den Menschen zu bringen. Dieses Feuer ist ein wichtiger Schritt auf dem Weg zur Unabhängigkeit von göttlichen Mächten. Im biblischen Verständnis ist Bewusstsein kein Geschenk. Nur weil Adam und Eva ungehorsam waren, erhielten sie das Bewusstsein. Ungehorsam ist somit die conditio sine qua non des menschlichen Bewusstseins. Wenn wir uns also mit dem Menschen- und Gottesbild der Bibel beschäftigen, lohnt es sich, Erkenntniszuwächse durch Tabubrüche und Grenzüberschreitungen aufzuspüren. Laut Genesis gehört dieses Verhalten zum Wesenskern des Menschen und provoziert bis heute die Frage, wie weit der Mensch, somit das Ich, gehen darf. Die Genesis erwähnt den Tabubruch und setzt kein Limit. Am Horizont steht die faszinierende Möglichkeit, zu werden wie Gott. Psychologisch gesprochen wären dann Ich und Selbst identisch. Das beinhaltet Entwicklungschancen und Gefahren. Jung sieht die Gefahr, dass diejenigen, denen Gott stirbt, der Inflation und somit einer Selbstüberschätzung bzw. Selbstüberhöhung zum Opfer fallen (Jung, GW Bd. 11, § 142).

## Die Entwicklung des Selbst

Bilder aller Archetypen einschließlich des Selbst sind keine statischen oder ewigen Gebilde, sondern grundsätzlich vorläufig, so von Franz:

> »Archetypen haben eine Geschichte über die Jahrhunderte hinweg. […] Archetypen konstellieren sich, entwickeln sich, altern, um irgendwann wieder ins Unbewußte zurückzufallen. […] Die Menschen verlieren das Interesse an ihnen. Es ist wie ein Spiel, das sich über hunderte von Jahren hinzieht.« (von Franz, 2008, S. 48)

und

> »Alle Religionen, Überzeugungen und Wahrheiten altern. Alles, worüber zu viel geredet wurde und das eine Zeit lang die menschliche Gesellschaft bestimmte, ist in

dem Sinne mangelhaft, daß es altert. Es wird mechanisch, allzu bekannt, ein Besitz des Bewußtseins. Die Menschen haben das Gefühl, daß sie es dadurch, daß sie es kennen, im Griff haben. Das betrifft vor allem die höchsten Werte [...]. Wenn sich aber die höchsten Werte verbrauchen, wenn sie ihre erschütternde, numinose Qualität verlieren, dann entsteht natürlich eine große Gefahr. Und so degeneriert zum Beispiel die Einhaltung eines Tabus zur bloßen Einhaltung von Förmlichkeiten, ohne daß darin noch ein Sinn gesehen würde. Man wird durch den Mythos, der hinter jedem Tabu steht, nicht mehr berührt.« (von Franz, 2008, S. 27)

Gottesbilder entstehen, man könnte auch sagen, sie werden geboren, um dann zu altern und irgendwann zu sterben. Auch an den Gottesbildern nagt der Zahn der Zeit, bis es irgendwann, wie schon bei Friedrich Nietzsche, heißt: »Gott ist tot.« Spätestens dann sind die Gottesbilder nichtssagend und degenerieren zu leeren Phrasen. Sie sind nur noch historisch relevant, zeigen an, was in einer gewissen Epoche von höchster Bedeutung war. Heute können beispielsweise die meisten Menschen nicht mehr an einen personalen Gott glauben, der als weißbärtiger Mann im Himmel sitzt. Dieses Gottesbild hat seine Wirkung und seinen Wert eingebüßt. Doch Menschen, die mit dem Bild eines Vatergottes im Himmel nichts mehr anfangen können, sind nicht zwangsläufig Atheisten. Etwa zwei Drittel der Deutschen stellen sich vor, dass eine höhere Ordnung oder eine Art höhere Energie hinter den Dingen steht und wirkt. Eine solche Tendenz zu abstrakten Bildern hat Jung beschrieben, als er darüber nachdachte, was passiert, wenn Menschen das traditionelle Gottesbild nicht mehr projizieren können:

»Die im modernen Mandala formulierte Erfahrung ist typisch für den Menschen, welche das göttliche Bild nicht länger projizieren können. Infolge der Zurückziehung und Introjektion des Bildes sind sie in der Gefahr der Inflation und der Auflösung der Persönlichkeit. Die runden oder viereckigen Umschränkungen des Zentrums haben daher den Zweck, schützende Mauern oder ein vas hermeticum zu schaffen, um einen Ausbruch oder ein Auseinanderfallen zu verhüten. So bezeichnet und unterstützt das Mandala eine ausschließliche Konzentration auf das Zentrum, eben das Selbst. Dieser Zustand ist alles andere als die Egozentrizität. Er bedeutet im Gegenteil eine höchst notwendige Selbstbeschränkung mit dem Zweck, Inflation und Dissoziation zu vermeiden.« (Jung, GW Bd. 11, § 156)

Jung hat gewissermaßen die Fühler ins 21. Jahrhundert gestreckt, als er erwartet hat, dass Gottesbilder verschwinden und das zunächst entstehende Vakuum die Stabilität des Ich-Komplexes bedroht. Das heute vermehrt vorhandene Bedürfnis nach den von ihm beschriebenen abstrakten Ordnungsstrukturen zeigt der Blick auf die englische Bestsellerliste eines großen Online-Händlers im August 2015. Sehr stark wurden Aufmerksamkeits-Ausmalbücher für Erwachsene nachgefragt, bei denen vorgedruckte Mandalas mit Farbstiften ausgemalt werden können. Wissenschaftler befürworten dieses Tun mit dem Hinweis, dass die Konzentration auf Linien, Begrenzungen und Strukturen wertvoll für die Gehirnfunktion sei. Was Stress abbauen hilft, könnte darauf weisen, dass immer mehr Menschen eine kompensatorische Stabilisierung des Ich-Komplexes suchen. Und abstrakte geometrische Formen, die seit Menschengedenken in religiösen Darstellungen zu finden sind, scheinen hinreichend geeignet, dieses kollektive Bedürfnis zu befriedigen.

## Die Abstraktion des Gottesbildes

Zur Idee von Gott als höherer Macht oder Energie meinte Jung:

> »Damit wäre Gott der Inbegriff nicht nur des geistigen Lichtes […] sondern auch dunkelste, unterste Ursache aller naturhaften Finsternisse. Dies ist ein ungeheures Paradoxon, das offenbar einer tiefen psychologischen Wahrheit entspricht. Es stellt nämlich nichts anderes als die Gegensätzlichkeit eines und desselben Wesens dar, eines Wesens, dessen innerste Natur eine Gegensatzspannung ist. Dieses Wesen nennt die Wissenschaft Energie.« (Jung, GW Bd. 8, § 103)

und

> »[…] das Selbst […] ist nicht nur eine statische Größe oder eine beharrende Form, sondern zugleich auch ein dynamischer Vorgang, wie die Alten die Imago Dei im Menschen nicht als eine bloße Einprägung, gewissermaßen als einen toten Stempelabdruck ansahen, sondern als eine wirkende Kraft.« (Jung, GW Bd. 9/2, § 411)

Die heute wiederkehrende Vorstellung von Gott als einer unsichtbaren, überall verbreiteten Energie ist uralt. In früheren Kulturen hieß sie Mana, Numinosum, Wakanda oder Oki – um nur einige Begriffe zu nennen. Einige dieser Begriffe bedeuten nicht nur Energie, sondern meinen gleichzeitig das Heilige, Mächtige, Schöpferische, Unendliche oder Unsterbliche. Diese Energie entfaltet ihre Kraft an belebten und unbelebten Substanzen. Bereits frühere Kulturen machten sich zunutze, dass sie nirgends völlig fixiert ist, sondern fast überall hingeleitet werden kann: durch Fasten, Beten, Tanzen, Berühren von heiligen Gegenständen oder durch gewisse Atemtechniken konnte der Mensch sich einen Teil aneignen. Psychologisch betrachtet wird mit diesen Maßnahmen im Ich-Komplex Energie angereichert, wo sie dann dem freien Willen, der Bewusstwerdung und Kulturarbeit zur Verfügung steht. Doch der größte Teil der seelischen Energie, die Jung als Libido bezeichnet (Jung, GW Bd. 5, § 188 ff) liegt unverfügbar im Unbewussten und macht sich beispielsweise als Verlangen, Trieb, Bewegung, Emotion oder Interesse bemerkbar.

Energie ist ein Phänomen jenseits moralischer oder ästhetischer Kategorien. So schenkt die Sonne ihre Energie den Gerechten und Ungerechten und lässt Schädliches sowie Nützliches wachsen. Dieses Charakteristikum der Energie greift das Alte Testament im Gottesbild des Jahwe auf, der für seine Amoralität bekannt ist. Ein solcher Gott, und damit das Selbst, konfrontiert mit Unberechenbarkeit.

# 2  Schicksal und Selbst im Wandel der Zeit

## Verantwortungsdiffusion

Eng verknüpft mit den Bildern des Selbst ist die Frage nach dem Schicksalhaften, also all dem, was uns widerfährt und hinzunehmen ist. Dieses Hinzunehmende hat sich in den letzten Jahren rasant verändert. Wir haben Optionen, deren Konsequenzen wir kaum überblicken können. Entscheidungen sind deshalb nicht immer leicht zu fällen. In dieser Situation ist es hilfreich zu klären, wo menschliche Verantwortung beginnt und wo sie aufhört, weil man auf Unverfügbares stößt.

Wesentlich wurde diese Unterscheidung für eine Frau, die nach folgendem Traum Trauer und Verzweiflung empfunden hatte: »Ich habe ein Kind geboren, es ist sehr klein, es passt in meine hohle Hand. Die Haut ist so glatt, dass es mir immer wieder aus der Hand rutscht. Es hat kalt, aber weil es so klein ist, kann ich es nicht in ein Tuch wickeln und auch nicht anziehen. Ich will ihm meine Brust geben, aber das geht nicht, weil meine Brust zu groß ist. Das Kind ist lebendig, das ist schön. Aber es friert. Es wird ganz kalt; es stirbt.«

Ungewöhnlich lange quälte sich die Träumerin mit diesen Traumbildern, da sie sich für den Tod des Neugeborenen verantwortlich fühlte. Ihre Schuldgefühle verschwanden erst, als sie spürte, dass sie ihr Möglichstes getan hatte. Nun konnte sie den Tod des Winzlings als schicksalhaftes Ereignis akzeptieren. Die Schuldgefühle dieser Träumerin klangen ab, als sie aufhörte, eine unangemessene Verantwortung zu übernehmen. Unbewusst hatte sie etwas Schicksalhaftes der menschlichen Einflusssphäre zugerechnet. Eine solche Größenphantasie führt häufig zu überhöhten Schuldgefühlen. Wenn es gelingt, eine solche Verantwortungsdiffusion zu entwirren, kann die Verantwortung des Ich auf das angemessene Maß gebracht werden. In einigen Situationen wird sie geringer und in anderen größer werden.

Das Schicksalskonzept des antiken Griechenlands bei Homer hat auf eine solche Differenzierung der Verantwortlichkeiten großen Wert gelegt. Postuliert wurde damals eine enge Verflechtung von menschlichem und göttlichem Wirken. Dabei wurden dem Menschen weder die eigenen Entscheidungen noch Taten vollständig zugerechnet, weil er ständig von Göttern umgeben war und diese alle bedeutenden Geschehnisse verursachten. Der Erfolgreiche durfte nie vergessen, daß sein Werk ohne göttlichen Beistand nicht gelungen wäre. Und der Gescheiterte musste zwar die Konsequenzen seiner Handlungen tragen, doch aufgrund der mitwirkenden Götter war der Mensch nicht ganz alleine verantwortlich. Talent und Glück, Kühnheit und Klugheit, aber auch Feigheit, Unvermögen und Pech hatten ihren Ursprung bei den Göttern. Selbst ein guter Einfall war nicht menschengemacht, sondern die Idee eines Gottes, die er dem Menschen schenkte. Dem Menschen blieb es jedoch freigestellt, eine gute Idee oder Chance zu nutzen bzw. einen göttlichen Ratschlag anzunehmen. Für diese Entscheidung war allein der Mensch verantwortlich.

Psychologisch gesprochen betrachtete der griechische Mensch also das Selbst als Quelle von Zerstörerischem und Großartigem. Erst die Fähigkeit, transpersonale und individuelle Einflüsse zu differenzieren, ermöglichte es dem Griechen, weder einer unangemessenen Selbstentwertung noch der Arroganz zu verfallen. Weise war, wer in Beziehung zum Selbst lebte und das Unverfügbare vom Kontrollierbaren bzw. Machbaren unterscheiden konnte. Doch nie war diese Unterscheidung ganz einfach zu treffen, denn die Übergänge zwischen menschlichem und göttlichem Verantwortungsbereich wurden als fließend erachtet. Diese Restunschärfe forderte dazu auf, Selbst und Ich sorgfältig zu beachten.

## Schicksalskonzepte unterliegen dem Zeitgeist

Doch was ist unverfügbar, und wie kann sich der Mensch darauf einstellen? Jeremias Gotthelfs 1842 veröffentlichte Novelle *Die schwarze Spinne* zeigt die diesbezügliche spätmittelalterliche Sicht: Im Zentrum steht die Geschichte eines jahrhundertealten schwarzen Fensterpfostens. Anlässlich einer Tauffeier erzählt der Großvater seinen Gästen, was es mit ihm auf sich hat: Das Dorf gehörte 600 Jahre zuvor einem Ritter, der seine Bauern gnadenlos zu härtesten Arbeiten zwang. Eines Tages verlangt er von den Bauern, einhundert ausgewachsene Buchen umzupflanzen. Die Bauern wissen, dass sie die Aufgabe unmöglich erfüllen können, ohne ihre Feldarbeit zu vernachlässigen und in Hungersnot zu geraten. In dieser ausweglosen Situation taucht der Teufel in Gestalt eines wilden Jägers auf und bietet seine Hilfe an. Als Lohn fordert er ein ungetauftes Kind. Erschreckt schlagen die Bauern das Angebot aus und beten um Gottes Hilfe. Vergeblich, Gott bleibt verborgen, greift nicht ein, und die Bauern scheitern an der Aufgabe.

Als der Teufel sein Angebot wiederholt, wagt nur die zugezogene Bäuerin Christine mit ihm zu verhandeln. Sie erklärt ihm, dass kein Christ ein ungetauftes Kind aus der Hand geben kann. Doch der Teufel besteht darauf. Als Christine einwilligt und ihr der Teufel zur Vertragsbesiegelung einen Kuss auf die Wange gibt, versteinert sie für einen kurzen Moment. In ihrer Not beginnen nun die Männer zu rechnen: »Was ist ein einzig ungetauftes Kind gegen die Not eines ganzen Dorfes? Zumal Christine glaubt, den Teufel überlisten zu können?« Nun akzeptieren auch sie den Teufelspakt und jubeln, nachdem der Teufel den Auftrag des Ritters vollbracht hat. Doch der Pfarrer will dem Teufel keine Seele überlassen und tauft das nächste Neugeborene. Das ganze Dorf freut sich, vereint im Glauben, den Teufel betrogen zu haben. Als kurze Zeit später die nächste Frau vor der Entbindung steht, spürt Christine auf ihrer Wange einen brennenden Schmerz: Genau dort, wo der Teufel sie geküsst hatte, entsteht ein schwarzer Fleck, der sich in eine schwarze Spinne verwandelt. Aus diesem Fleck schlüpfen viele kleine Spinnen, nachdem der Pfarrer auch das zweite Kind taufen konnte. Angesichts des entstellten Gesichts will niemand mehr etwas mit Christine zu tun haben.

Von nun an sterben im Dorf Vieh und Menschen an der Pest und man ist sich einig, dass der Teufel auf diese Weise an die Erfüllung des Vertrages erinnert. Christine überzeugt das Dorf, das nächste Kind endlich ungetauft herauszugegeben, um Schlimmeres abzuwenden. Nur der Priester bleibt standhaft und tauft auch das nächste Kind. Daraufhin flieht der Teufel, und Christine verwandelt sich in eine Spinne. Da sie Kind und Priester berührt, sind die beiden dem Tod geweiht. Jetzt beginnen die Bürger zu streiten, jeder gibt dem anderen Schuld, will gemahnt und gewarnt haben. Und niemand hat etwas dagegen, Schuldige zu bestrafen, will aber selbst straffrei bleiben. Vor der Spinne ist ab sofort niemand sicher; jede Berührung führt zum Tod. Versuche zu fliehen oder die Spinne zu töten, erweisen sich als zwecklos. Da kommt die Mutter, deren Kind durch das beherzte Eingreifen des Priesters getauft werden konnte, auf eine Idee: Sie packt die Spinne, stopft sie in das Loch eines Fensterpfostens, um es mit einem geweihten Zapfen zu verschließen. Da sie die Spinne berührt hat, muss auch sie sterben. Aber ihre Tat bewirkt, dass der schwarze Tod, nichts anderes als die Pest, verschwindet. Ruhe und Frieden kehren in das Tal zurück.

Nach dieser Erzählung des Großvaters kehren die Gäste nur widerwillig an den Tisch zurück, weil sie sich vor dem schwarzen Fensterpfosten fürchten. Einzig der Großvater wagt, vor den Pfosten zu sitzen, weil er sich sicher ist, dass die Spinne drin bleibt, solange Gott nicht vergessen wird. Da alle Gedanken der Gäste bei der Spinne sind, erzählt der Großvater das Ende der Geschichte: In den folgenden Jahrhunderten leben die Menschen zunächst gottesfürchtig, alles gedeiht, und sie werden wohlhabend. Doch sinngemäß heißt es: »Wo Gottes Segen am reichsten fließt, kommt der Wurm«, und so fallen mit der Zeit viele Talbewohner wieder in gottloses Verhalten. Wie einst die Ritter die Bauern plagten, so behandeln die Bauern nun ihre Knechte und Mägde. 200 Jahre lang sitzt die Spinne im Pfosten, als wieder eine Fremde ins Haus kommt. Sie und die Frau ihres Sohnes Christen quälen Mensch und Vieh. Zudem wollen sie ein neues Haus bauen und das alte dem Gesinde überlassen. Christen, überzeugt, dass der Familiensegen mit diesem alten Haus steht und fällt, kann sich aber gegen die beiden Frauen nicht durchsetzen.

Als das Gesinde ins alte Haus zieht und ein Knecht am Heiligen Abend den Pfropfen entfernt, versteinern alle, als die schwarze Spinne herauskriecht. Wieder sterben fast alle Dorfbewohner an der Pest, und die Wut der Überlebenden richtet sich gegen Christen: er soll an allem schuld sein. Plötzlich werden alle wieder fromm und überreden sich selbst, sie seien immer gleich fromm gewesen. Allein Christen sei gottlos. Dieser zieht ins alte Haus zurück und richtet wie seine Ahnin einen geweihten Zapfen, um die Spinne erneut im alten Gefängnis einzusperren. Dabei ist ihm bewusst, dass er dafür mit seinem Leben bezahlen wird. Tatsächlich kehren nach seinem Tod Gesundheit, Friede und Wohlstand zurück ins Dorf.

200 Jahre später wurde das alte Haus erneut unbewohnbar, und die Besitzer trauten sich lange nicht, ein neues zu bauen. Da riet ein weiser Mann: »Ein neues Haus könnten sie wohl bauen, aber zwei Dinge müssten sie wohl bewahren: das alte Holz, worin die Spinne sei, den alten Sinn, der ins alte Holz die Spinne geschlossen, dann werde der Segen auch im neuen Hause sein.« (Gotthelf, 2002, S. 115) Diesen Rat beherzigte auch der Großvater, als es an ihm war, wieder ein neues Haus zu bauen. Der schwarze Fensterpfosten erhielt seinen Platz, wodurch weder er noch die Ereignisse vergessen werden können. Mit diesem Hinweis beendet der Großvater seine Erzählung, und die Tauffeier geht gemütlich weiter. Ein Verwandter meint: »Es ist nur schade, dass man nicht weiß, was an solchen Dingen wahr ist.« (Gotthelf, 2002, S. 116)

Diesen Satz würden heute wohl viele unterstreichen, denn Hand aufs Herz: Wer würde in unseren Breiten noch glauben, dass die Seele einer ungetauften Person einst dem Teufel gehören wird? Wenige. Unabhängig von diesem Glaubensinhalt berührt die Novelle einige archetypische Themen, die bis heute relevant sind.

## Krankheitskonzepte sind zeitgeistabhängig

Was behauptet die Novelle *Die schwarze Spinne* hinsichtlich der Entstehung von Krankheit? Es wird geglaubt, dass Seuchen – die beiden historisch belegten europäischen Pestepidemien im 13. und 15. Jahrhundert – eine metaphysische Ursache haben. Sie sind Folge von Gottlosigkeit und einem Pakt mit dem Teufel. Naturkatastrophen sind demnach nicht sinnloses Schicksal, sondern als metaphysische Strafe eine Ermahnung an ein gottesfürchtiges Leben. Ein gottesfürchtiges Ich könnte demnach Naturkräfte beeinflussen. Das würden heute die meisten bezweifeln und sich angesichts einer ansteckenden Krankheit lieber auf Impfstoffe und Antibiotika verlassen.

Doch in der Novelle gibt es in den drei Epochen wesentliche Unterschiede hinsichtlich des Teufels. Zuerst erscheint er in Menschengestalt als grüner Jäger; mit ihm verhandelt Christine. Später verwandelt er sich in eine Spinne, die weggesperrt wird. Mit ihr ist kein Dialog mehr möglich. Christens Mutter und Ehefrau sorgen sich nicht um die eingesperrte Spinne, nehmen den Teufel nicht mehr ernst. In der Sprache der Analytischen Psychologie könnte man sagen, dass die religio, die sorgfältige Beachtung numinoser transpersonaler Kräfte fehlt. Allerdings sind die beiden Frauen lediglich nachlässig, verbünden sich nicht aktiv mit dem Teufel wie einst Christine. Bereits dieser Leichtsinn genügt, die Pest wieder aufleben zu lassen. In der letzten Epoche, zu Lebzeiten des Großvaters, kann vom Teufel nur noch erzählt werden. Die sinnliche Distanz zum Teufel wird also im Laufe der Zeit immer größer.

Diese zunehmende Entfernung und Entfremdung von Gott und Teufel nimmt um 1500 n. Chr. den entscheidenden Anfang (Wils, 2013, S. 37 ff.). Davor war die Welt ein verzauberter Ort, bevölkert mit konkret erfahrbaren göttlichen und dämonisch-teuflischen Wesen. Gott, seine Absichten und Interventionen waren in der Welt sinnlich präsent und erfahrbar. Als diese Vorstellung vor etwa 500 Jahren zu reißen begann, setzte ein kollektiver Entbettungsprozeß ein mit der Folge, dass Gott für die Menschen zunehmend abstrakter und unzugänglicher wurde. Er war nicht mehr unmittelbar gegenwärtig, sondern von nun an hinter etwas verborgen. Gleiches galt für den Teufel. Direkt hatte ihn keiner mehr erlebt, was verständlicherweise starke Zweifel an seiner und Gottes Existenz weckte.

Geistesgeschichtlich wird dieser Entbettungsprozess deutlich an Lissabon, das im Jahr 1755 als eine der weltweit reichsten Städte von einem Erdbeben zerstört wurde. Am Sonntagmorgen des 1. November bebte die Erde dort zehn Minuten lang gefolgt von Bränden und Flutwellen. Alle vier Elemente: Erde, Wasser, Wind und Feuer töten mindestens fünfzehntausend Menschen und vernichteten zahlreiche Gebäude sowie wertvolle Kulturgüter.

Mischte sich Gott mittels der Natur ein? (Neimann, 2004, S. 26 ff, 354 ff) Etwa, weil die Portugiesen zu viele Sünden auf sich geladen hatten, die bestraft werden mussten? Ein Erdbeben als Fingerzeig Gottes entspricht dem Glauben in *Die schwarze Spinne*, in der Pest als Strafe für ein gottloses Leben verstanden wird. In diesem Sinne meldeten sich nach dem Beben Theologen zu Wort: »Da der Mensch aus Staub geschaffen, wie sollte die Erde sich da nicht unter dem Gewicht menschlicher Untaten aufbäumen?« Die theologische Idee der Bestrafung des sündigen Menschen hatte allerdings einen gewaltigen Haken: Während die frommen Gottesdienstbesucher unter den Trümmern des Kirchengebäudes starben, verschonte das Erdbeben einzig das Lissaboner Rotlichtviertel und Prostituierte, Freier und Zuhälter überlebten. Der Glaube an eine schützende Hand Gottes über brave Bürger wurde erschüttert. Das Furchtdiktat der Kirche bekam durch die Rettung der »Sünder« gewaltige Risse. Gott schien nicht berechenbar.

In drei Aufsätzen zum Lissaboner Beben (Neimann, 2004, S. 359) hielt sich Immanuel Kant ganz im Sinn der Aufklärung an wissenschaftliche Erkenntnisse zur Plattentheorie und klassifizierte Erdbeben als Naturphänomene. Eine Erkenntnis aus dem Beben sei, dass die Welt nicht zu unserem Vorteil eingerichtet sei. Erdbeben, Naturkatastrophen oder Epidemien stehen außerhalb moralischer Kategorien, haben nichts mit menschlichem Fehlverhalten bzw. Ungläubigkeit zu tun, weil die Phänomene geologisch, biologisch oder medizinisch erklärbar sind. Das Zeitalter der Aufklärung mit der Hinwendung zu Vernunft, Rationalität und den Naturwissenschaften war ein wichtiger Schritt bei der Überwindung der verzauberten Welt, weshalb wir – wie es in der Novelle heißt – nicht wissen, was an diesen alten Geschichten wahr ist. An einen göttlichen Verursacher kann und will man nicht mehr glauben. Hinsichtlich der Naturgesetze wird die Gottesfurcht irrelevant. Glauben und Gebete scheinen überflüssig, unsinnig, vielleicht sogar gefährlich. In konsequenter Fortführung dieser Einstellung lautete das Titelthema der ersten Ausgabe 2015 der Zeitschrift GEO: »Brauchen wir Gott?«

Psychologisch taucht also die Frage auf, ob uns das Selbst nützt, oder ob es nicht besser wäre, auf das Selbst zu verzichten, auch weil das Selbst bei den heute erklärbaren Naturphänomenen kaum mehr eine Rolle spielt. Die Frage nach dem Nutzen postuliert das Selbst als ein Objekt, das man nicht nur beiseitelegen kann, sondern führt auch zur Frage, ob es überhaupt existiert. Ist das Selbst eine Illusion, wie manche behaupten? Eine vollständige Ablehnung des Selbst und seines Einflusses auf das Schicksal gelingt nicht ganz: Nur wenige Menschen, die schwer erkranken oder unverschuldet verunfallen, können das als puren Zufall akzeptieren. Die meisten werden fragen, wieso das Schicksal so unbarmherzig zugeschlagen hat. Auch der Verlust des Jobs, geliebter Menschen oder des Vermögens werden auf ähnliche Weise hinterfragt, um anhand einer, das Ich übersteigenden Erklärung wieder Orientierung zu bekommen.

Schlimme Ereignisse scheinen uns also aufzufordern, das Schicksalhafte zu hinterfragen. In guten Zeiten besteht eher die Tendenz, das Gute ich-haft zu vereinnahmen. Gerne wird vergessen, wie viele glückliche Umstände zum Guten beigetragen haben, wie viel außerhalb des individuellen Einflusses wirksam war. Kritiker könnten allerdings fragen, ob schlimme Ereignisse, denen wir uns nicht gewachsen fühlen, eine regredierende Bewegung auslösen, hin zu traditionellen Selbstkonzepten, weil wir es jetzt nicht mehr ertragen, autonom und verantwortlich zu sein, weil wir uns nach einer höheren Macht sehnen, um Sinn in unserem Leid zu finden. In schlimmen Stunden scheint die Losgelöstheit von einem Selbst bzw. sein Verschwinden schwerer erträglich als in guten Zeiten. Das könnte auch damit zusammenhängen, dass unser Ich parallel zum technischen Fortschritt nicht ausschließlich autonomer geworden ist, sondern, wie Roger Willemsen formuliert, alles gleichzeitig: souveräner und ohnmächtiger, sicherer und instabiler, zielstrebiger und zerstreuter (Willemsen, 2016, S. 44).

Wenn die Frage nach dem Schicksalhaften in der Therapie auftaucht, lohnt es sich, die mehr oder weniger unbewussten Schicksalskonzepte von Therapeut und Patient bewusst zu machen, weil sie einen erheblichen Einfluss auf die Suche nach Antworten und den Behandlungsverlauf haben. Beziehungsirritationen im Übertragungs- und Gegenübertragungsgeschehen können beispielsweise entstehen, wenn ein Machtkampf um das richtige Schicksalskonzept entbrennt und eine unüberbrückbare Kluft zwischen Schicksalserklärungen nicht respektiert bzw. ertragen werden kann.

# Der menschliche Anteil am Bösen

Wenn man in der Novelle die Entstehung der beiden Seuchen genauer untersucht, sieht man, dass vor dem Auftauchen des Teufels eine ziemlich ähnliche Situation gegeben war: Menschen quälten andere Menschen, missachteten ihre Bedürfnisse und beuteten sie aus. Das hat nicht nur zu Leid und Elend geführt, sondern Teuflisches auf den Plan gerufen. In der Sprache der Analytischen Psychologie handelt es sich um das archetypisch Böse. Und dieses archetypisch Böse gehört zum Selbst:

> »Obschon die Attribute Christi [...] ihn unzweifelhaft als eine Verkörperung des Selbst erkennen lassen, so entspricht er doch, vom psychologischen Standpunkt aus betrachtet, nur der einen Hälfte des Archetypus. Die andere Hälfte erscheint im Antichristus. Letzterer veranschaulicht das Selbst ebenso sehr, nur besteht er aus dessen dunklem Aspekt. [...] Dieses große Symbol will besagen, dass die weitere Entwicklung und Differenzierung des Bewußtseins in die immer bedrohlichere Erkenntnis des Widerspruches hineinführt und nichts weniger bedeutet als eine *Kreuzigung des Ich.*« (Jung, GW Bd. 9/2, § 79)

Zum Selbst im christlichen Gottesbild gehören Gott und Teufel, der im Alten Testament als Gottessohn vorgestellt wird. Demnach wären Böses und Gutes nicht alleine dem Ich-Komplex zuzurechnen, nicht ausschließlich individuell, sondern von archetypischer Qualität. Aus anthropozentrischer Sicht gibt es etwas Böses in der Schöpfung, das den Menschen überragt. Hannah Arendt (Arendt, 2016, S. 77) beschreibt dieses archetypische Böse als wurzel- und deshalb grenzenlos, was dazu führt, dass es extreme Ausmaße annehmen und sich über die ganze Welt ausbreiten kann. Als transpersonale Kraft kann es Menschen ergreifen und zu furchtbaren Handlungen bewegen.

Immer wieder gibt es Epochen, in denen das Wissen um diese bösen Kräfte verloren zu gehen scheint. Das beschreibt die Novelle. Nach einigen Generationen gerät in Vergessenheit, welche zerstörerischen Wirkungen Böses nach sich ziehen kann. Der von Sigmund Freud beschriebene Wiederholungszwang wäre demnach nicht nur ein individuelles, sondern auch ein kollektives Phänomen. Das erleben wir aktuell: Rassismus, Intoleranz und Hass werden salonfähig trotz der schrecklichen Erfahrungen im letzten Jahrhundert. Einstellungen und Verhaltensweisen, die viele als überwunden betrachteten, blühen wieder auf. Vernunft oder Fakten scheinen keine ausreichend potenten Gegenmittel zu sein. Hier kann man fragen, ob es sich um eine kollektive Regression handelt, um ein Zurückweichen der Gesellschaft oder evtl. sogar der ganzen Menschheit vor einem notwendigen Entwicklungsschritt.

Die Novelle formuliert eine These zur Ursache solcher Wiederholungsphänomene: »Wo Gottes Segen am reichsten fließt, kommt der Wurm«. Wohlstand birgt die Gefahr einer sittlich-geistig-ethischen Verwahrlosung. Dekadenz könnte demnach ein archetypischer Schattenaspekt des Wohlstandes sein. »Zuerst fühlen Menschen das Notwendige, dann achten sie auf das Nützliche, darauf bemerken sie das Bequeme, weiterhin erfreuen sie sich am Gefälligen, später verdirbt sie der Luxus, schließlich werden sie toll und zerstören ihr Erbe «: So beschreibt Giambattista Vico bereits 1725 diesen Prozess (zit. nach Willemsen, 2016, S. 44).

Psychologisch wäre diese Dekadenz eine fehlende Bezogenheit auf das Selbst, etwa weil man an seine Wirkkraft nicht mehr glauben kann oder seine Existenz grundsätzlich bezweifelt. Und diese fehlende Bezogenheit auf das Selbst erleichtert barbarisches Verhalten, das als Regression auf eine animalische Entwicklungsstufe verstanden werden kann.

## Die Bürde der Schuld

Die Novelle beschreibt, dass nach Ausbruch der ersten Pestepidemie niemand verantwortlich sein will, jeder meint, andere müssen schuld sein und sollten bestraft werden. Und nach Ausbruch der zweiten Pestepidemie überreden sich die Leute, immer fromm statt dekadent gewesen zu sein.

Dieser Umgang mit menschlicher Schuld ist hochaktuell: Gerne werden Sündenböcke gesucht, weil es bis heute schwer fällt, sich mit dem persönlichen Schuldanteil oder Versagen auseinanderzusetzen. Denken wir nur daran, wie gerne Mitläufer nach dem Zusammenbruch eines menschenverachtenden Regimes ihre Verantwortung leugnen oder schönreden. So wird etwa gesagt, dass ja fast alle so empfunden hätten, was nichts anderes heißt, als dass Destruktivität eine Konvention ist, die man wie ein Mantel anziehen oder ablegen kann, je nach Situation. Doch Verantwortung für die eigene Bösartigkeit zu übernehmen, und zwar psychisch, sozial oder unter Umständen auch strafrechtlich, ist etwas vom Schwierigsten überhaupt. Nicht nur gut sein, nicht zu den Guten zu gehören, das ist nur schwer auszuhalten. Psychologisch gesprochen geht es um das Ertragen des eigenen Schattens, um den eigenen Anteil am Unmoralischen oder Unethischen. Jung betrachtet das Selbst als Gewissensinstanz. Schuld und Unschuld sowie Schuldgefühle würden demnach im Selbst wurzeln:

»Solange das Selbst unbewußt ist, entspricht es dem Über-Ich Freuds und bildet eine Quelle beständiger moralischer Konflikte. Wird es aber aus der Projektion zurückgezogen, das heißt, ist es nicht mehr die Meinung der anderen, dann weiß man, daß man sein eigenes Ja und Nein ist. Dann wirkt das Selbst als eine *unio oppositorum* und bildet damit die unmittelbarste Erfahrung des Göttlichen, welche psychologisch überhaupt faßbar ist.« (Jung, GW Bd. 11, § 396)

Das Selbst wäre demnach eng mit kollektiven Moralvorstellungen verbunden, und sobald sich diese wandeln, wandelt sich das Gottesbild und umgekehrt.

Falls eine kollektive Moral nicht mehr funktioniert, kann in Folge einer zerbrochenen Welterklärung eine Verbitterung entstehen. So wand sich eine tiefgläubige Frau abrupt von ihrem Glauben ab, als sie 80-jährig an Krebs erkrankte. Sie empfand, dass sie diese Erkrankung gegen Ende ihres anständig geführten Lebens nicht verdient hatte. Mit einem derart destruktiven Gott konnte sie nichts mehr anfangen; darüber wurde sie tief verbittert. Eine derartige Bitterkeit definierte Marie-Louise von Franz (von Franz, 1985, S. 123) als Beziehungsstörung zwischen Ich und Selbst. Zorn oder andere Affekte werden dabei nach innen gekehrt und verhärten den Menschen.

Wichtig ist in diesem Zusammenhang der Unterschied zwischen einer kollektiven, traditionellen Moral und einer persönlichen Antwort hinsichtlich der Frage, was richtig und falsch ist. Wenn nun zwischen kollektiver und persönlicher Bewertung eine Lücke klafft, ist das Individuum aufgefordert, Farbe zu bekennen: Schließe ich mich dem Wertekanon der Gruppe an oder widerspreche ich? Diesen Konflikt thematisiert die Novelle, und nur hier wird eine Schuld geltend gemacht:

Der junge Christen hat Schuld auf sich geladen, indem er anders war, als Gott ihn wollte – und indem er sich dessen bewusst war. Dass er sich dem Willen der Mutter und Frau gebeugt hatte, wird als seine Schuld gewertet. In der Sprache der Analytischen Psychologie könnte man sagen, dass er das vom Selbst Geforderte nicht berücksichtigt hat, sondern sich dem Willen anderer gebeugt hat. Es geht also darum, wie das Ich den Konflikt zwischen den unterschiedlichen Moralinstanzen im Selbst löst, ob es eine individuelle Gewissheit opfert, um vielleicht anstrengenden Auseinandersetzungen mit kollektiven Werten aus dem Weg zu gehen. Manche Tiefenpsychologen würden wir hier von einem falschen Selbst sprechen. Im Selbstkonzept der Analytischen Psychologie kann es meines Erachtens kein falsches Selbst geben. Ich würde deshalb sagen, dass das Ich eine im Selbst verankerte Überzeugung verdrängt, sei es um Ärger zu vermeiden oder weil sie unvernünftig, unkonventionell oder überholt erscheint.

Hannah Arendt (Arendt, 2016, S. 34, 49) hat daran erinnert, dass u. a. im Lateinischen, Griechischen und Französischen Gewissen und Bewusstsein ursprünglich gleichbedeutend waren, weshalb die Aufforderung des Orakels von Delphi: »Erkenne dich selbst« immer auch eine Gewissenserforschung bezweckt. Ethik beruht demnach auf dem inneren Zwiegespräch des Menschen mit sich selbst, mit seinem Selbst. Im Gespräch mit dem Selbst werden Unrecht und Recht unterscheidbar, und moralische Fragen werden geklärt. Dabei gibt es zweierlei zu beachten: Eine ethische Haltung ist nur dann ethisch, wenn ich nicht zu meinen Gunsten eine Ausnahme erlaube. Wenn ich mir beispielsweise etwas unrechtmäßig angeeignet habe, aber jene verurteile, die es wiederum mir stehlen, dann habe ich keine moralische Haltung. Des Weiteren darf ich mich nicht in eine Lage bringen, in der ich mich verachten muss, weil das zur Folge hätte, dass ich mit etwas Verachtungswürdigem zusammenleben müsste. Mit diesem Verachtungswürdigen würde ich morgens aufwachen und abends wieder zu Bett gehen.

# Der Teufel in der heutigen Welt

Eine ungetaufte Seele, also ein unschuldiges Kind als Preis für die Gesundheit des ganzen Dorfes anzubieten, wäre heute unmöglich. Doch ganz so überholt ist diese Idee nicht, weil auch heute in gewissen Situationen die Frage auftaucht: Darf man unschuldige Menschen für das Gemeinwohl opfern? 600 000 Zuschauer stimmten am 17. Oktober 2016 darüber ab, nachdem sie in der ARD den Fernsehfilm *Terror – Ihr Urteil* gesehen hatten. Es sollte beurteilt werden, ob ein Kampfpilot ein Flugzeug mit 164 Passagieren abschießen darf, um zu verhindern, dass ein Terrorist die entführte Maschine in ein mit 70 000 Menschen besetztes Stadion steuert. Darf jemand morden, um Schlimmeres zu verhindern? In Deutschland, Österreich und der Schweiz plädierten jeweils mehr als 80 Prozent derer, die abstimmten, dafür, den Piloten als unschuldig freizusprechen – obwohl in diesen Rechtsstaaten Mord strafbar ist.

Dass in diesem Zusammenhang der (symbolische) Teufel durchaus eine Rolle spielt, zeigt das Statement führender US-Politiker nach dem terroristischen Anschlag auf das World Trade Center am 11. September 2001. Die Selbstmordattentäter wurden als leibhaftige Teufel bezeichnet, die es zu vernichten galt. Falls Gotthelfs Novelle archetypisches Wissen enthält, dann dies, dass Teuflisches grundsätzlich nicht ausgemerzt werden kann. Stattdessen braucht es eine ethische Sorgfalt, bei der jeder Einzelne sich mit den eigenen dunklen Persönlichkeitsanteilen auseinandersetzt. Doch wie schon erwähnt, ist es schwer, der eigenen Bösartigkeit, dem eigenen Schatten, in die Augen zu schauen.

Eine gängige, entlastende Vermeidungstechnik ist die Projektion, die bis heute bevorzugt in eine bestimmte Richtung tendiert, nämlich hin zu Frauen und Fremden.

Auch davon berichtet die Novelle: Nicht die einheimischen Bauern, sondern die zugezogene Christine wagt den Pakt mit dem Teufel. Das Weibliche im Bunde mit dem Teufel finden wir bei Eva im Paradies, in gnostischen Texten des zweiten Jahrhunderts n. Chr., mittelalterlichen Hexenverbrennungen oder der Abtreibung weiblicher Föten mit der Begründung, Jungen seien wertvoller als Mädchen. Von der teuflischen

Potenz der Frauen ist übrigens auch der sogenannte islamische Staat überzeugt, denn ein durch Frauenhand getöteter Kämpfer kann angeblich nicht ins Paradies kommen. Derartige Vorstellungen wirken auch in unserer Gesellschaft, etwa wenn Männer die Schuld für sexuelle Übergriffe auf die Verführungskünste der Frauen abwälzen, denen sie sich ausgeliefert fühlen.

Auch was das Fremde anbelangt, hat die Novelle nicht an Aktualität eingebüßt, wird doch wieder vermehrt Böses, Bedrohliches und Schlechtes auf Fremde, Flüchtlinge oder Außenseiter projiziert. Auch das könnte auf eine kollektive Regression hinweisen, denn Revierkämpfe und territoriale Abgrenzungen sind Verhaltensmuster, die wir mit unseren tierischen Verwandten teilen. Und vielleicht sind diese kollektiven Abgrenzungskämpfe zwischen den Völkern unbewusste kompensatorische Gegenbewegungen zur Globalisierung. Bereits vor 50 Jahren hat Konrad Lorenz (Lorenz, 1968, S. 238 f) in *Das sogenannte Böse* beschrieben, dass Ratten ihr Revier gegen fremde Artgenossen verteidigen und Eindringlinge in der Regel töten. Lorenz hatte deshalb einem Rattenstamm ermöglicht, eine fremde Ratte einen Tag lang zu beschnüffeln. Wenn er diese Ratte kurze Zeit später in den Käfig des feindlichen Rattenstamms setzte, wurde sie nicht mehr getötet. Zumindest unter den Ratten wurden aggressive Tendenzen deutlich geringer, nachdem sich Fremde beschnuppern, also langsam kennenlernen konnten.

## Spinne und Stein als Selbstsymbol

Spinne und Stein waren Traummotive bei einer Frau, die zu Beginn ihrer Therapie über Ängste klagte. Ihre Symptomatik spitzte sich nach einigen Monaten dramatisch zu. Innerhalb weniger Tage war sie nicht mehr in der Lage, zu essen oder zu trinken, verstummte und erstarrte. Ein lebensbedrohlicher Stupor war eingetreten. Wenige Tage vor Beginn dieser schweren depressiven Symptomatik hatte die Patientin von einer Spinne geträumt. Ohnmächtig und versteinert beobachtete die Träumerin eine

weglaufende schwarze Spinne. Nach dem Erwachen spürte sie eine
bleierne Schwere. In einem weiteren Traum kurz vor Beginn des Stupors
wurde die Patientin gesteinigt, nachdem sie ihr Bett auf den Marktplatz
gestellt hatte. Zentrale Traummotive sind Spinne und Steinigung. Die
Steinigung ist eine seit Jahrtausenden benutzte Hinrichtungsart. Bis heute
gibt es Länder, in den Frauen nach einem Ehebruch auf diese Weise
bestraft werden. Sowohl Spinne als auch Stein gelten als Symbole des
Selbst:

»Drachen, Schlange, Elefant, Löwe, Bär oder sonstwie mächtige Tiere, oder im
Gegenteil Spinne, Krebs, Schmetterling, Käfer, Wurm und so weiter.« (Jung,
GW Bd. 9/1, I § 315)

und

»Durchgeht man aber die Reihe der vielen Symbole für das Selbst, so entdeckt
man darunter nicht wenige, welche keinen menschlichen Persönlichkeitscharakter erkennen lassen [...] nämlich geometrische, wie Kugel, Kreis, Quadrat,
Oktogon; oder chemisch-physikalische, wie Stein, Rubin, Diamant, Quecksilber, Gold, Wasser, Feuer, Geist.« (Jung, GW Bd. 11, § 276)

Die Patientin erlebte vernichtende Aspekte des Selbst und wäre ohne stationäre und medikamentöse Behandlung aus ihrem Stupor nicht herausgekommen. Einige Monate nach Remission der Symptomatik konnte die
Patientin erzählen, daß sie im Stupor körperlich versteinert und gleichzeitig einem inneren Sturm intensiver Aggressionen ausgesetzt war. Da sei
ein Gefühl gewesen, alle Grenzen verloren zu haben. Auch eine ganz alte
Schuld sei deutlich geworden, irgendetwas sei früher nicht bezahlt
worden. Aber es habe sich eindeutig nicht um ihre persönliche Schuld
gehandelt. Merkwürdigerweise habe sie noch jetzt den Eindruck, dass es
ihre Aufgabe sei, diese offen zu legen. Vor dem Hintergrund dieser
Beschreibung könnte man den Stupor als kompensatorische Reaktion
des Unbewußten verstehen mit dem Zweck, eine Fragmentierung des Ich-Komplexes durch einen unkontrollierbaren Ausbruch von Aggressionen
zu verhindern.

Nichtsdestotrotz war die stuporöse Erstarrung lebensgefährlich und
vom Ich-Komplex nicht kontrollierbar. Das Ich hatte jegliche Freiheit
verloren. Aufgrund dieser Erlebnisse und Träume vertiefte sich die
Patientin nach der Remission viele Monate lang in ihre Familiengeschichte

und stieß auf alte Familiengeheimnisse. Für Ereignisse vor ihrer Geburt war sie zwar nicht verantwortlich, aber sie spürte die Verantwortung, sich damit auseinanderzusetzen. Es schien ihr wichtig, Bescheid zu wissen über die Vergangenheit, ähnlich dem Großvater in der *Schwarzen Spinne*. Es geht darum, historische Ereignisse nicht zu vergessen, weil sie transgenerational für die Gegenwart bedeutsam sind. Wenn die Empfehlung in der besprochenen Novelle lautet, den »Sinn nicht zu vergessen, mit dem die Spinne eingeschlossen wurde«, dann wird eine geistige Haltung gefordert, die davon weiß, welche Haltung es angesichts zerstörerischer Kräfte braucht. Es geht um die religio, die sorgfältige Beachtung des Selbst, auch darum, das Ich nicht leichtsinnig oder überheblich werden zu lassen. Das Ich trägt nicht die Verantwortung für den Teufel oder Gott, aber die Verantwortung, wie es sich dazu verhält.

Ein Jahr später träumte die Patientin erneut von einem Stein: Ihr wurde ein Edelstein geschenkt und auf ihren Nabel gelegt. Jetzt taucht eine ganz andere, gegensätzliche Qualität des Steins auf, die der Kostbarkeit. Dieses individuelle Traumbild erinnert an alte religiöse Symbole: In der jüdischen Überlieferung ist das Allerheiligste im Tempel von Jerusalem ein Stein, der »eben schetijah«. Von diesem Stein aus, dem »Nabel« der Welt, begann die Entwicklung der Welt; gleichzeitig war er der Ort, an dem die Verbindung zu Gott bestand. Die religiöse Bedeutung eines Steines kennt auch der Islam durch den schwarzen Stein der Kaaba, die im Innenhof der heiligen Moschee in Mekka das Allerheiligste symbolisiert und vom Menschen auf einer Wallfahrt siebenmal umrundet werden soll. Dieser Stein soll der Überlieferung nach aus dem Paradies stammen. Und im Christentum war Christus der Stein, den die Bauleute verworfen haben, sowie Petrus der Fels, auf den die Kirche aufgebaut werden sollte. Schließlich träumte Jakob auf einem Stein von einer Leiter, die himmelwärts und erdwärts bestiegen werden konnte. Will man diese archetypischen Bilder auf den Traum anwenden, ginge es in der Sprache der Analytischen Psychologie um die Beziehung zwischen Ich (Träumerin) und Selbst (Stein auf dem Nabel), aus der Neues geboren werden kann. Es geht um etwas, das ewig und unzerstörbar hinter dem endlichen Leben wirkt. Aber auch darum, dass furchtbare Erfahrungen kostbar werden können.

# Machsal

Anlässlich des Zurückdrängens von einst Unbeherrschbarem soll der Philosoph Odo Marquard den Begriff »Machsal« geprägt haben. Machsal verringert Schicksalhaftes und erweitert den menschlichen Gestaltungs- und Machtbereich, geht also einher mit wachsender Ich-Kompetenz und Ich-Autonomie. Machsal verändert unseren Umgang mit Krankheit, Geburt oder Tod. Hier hat sich in den letzten Jahrzehnten Dramatisches verändert und damit auch unser Menschen- und Gottesbild. Im Kampf gegen den Tod taucht beispielsweise die Frage auf, ob wir technisches Know-How benutzen wollen, um Retortenkinder als Überlebenshilfe für Kranke herzustellen. Diesem Thema widmet sich das US-amerikanische Filmdrama *Beim Leben meiner Schwester (My Sister's Keeper)*: Ein Ehepaar wird mit der Diagnose Leukämie bei ihrer kleinen Tochter Kate konfrontiert. Die Eltern ergreifen die Möglichkeit, eine weitere, genetisch perfekte Tochter als passenden Organspender für das krebskranke Kind zu zeugen, da weder sie noch ihr Sohn sich für diesen Zweck eignen. Die Retortentochter Anna ist ein Wunschkind mit einem definierten Zweck: Sie wird zum lebenserhaltenden Ersatzteilreservoir für die sterbenskranke ältere Schwester. Deren Leben hängt völlig von Annas Leben ab. Immer wieder werden Anna Stammzellen und Knochenmark entnommen, und die beiden Schwestern müssen sich langwierigen Krankenhausaufenthalten unterziehen. Die Mutter gibt für die Pflege ihres kranken Kindes ihre Anwaltskanzlei auf und richtet ihre ganze Energie auf das Überleben der kranken Tochter. Als schließlich deren Nieren versagen, kommt Anna als einzige Spenderin in Frage, doch die mittlerweile 11-Jährige trifft eine folgenschwere Entscheidung: Obwohl sie ein sehr enges Verhältnis zu ihrer Schwester hat, weigert sie sich, eine Niere zur Verfügung zu stellen. Als Begründung gibt sie an, dass sie von nun an selbst über ihren Körper bestimmen wolle. Sie klagt mit einem Anwalt gegen ihre Eltern, um als Minderjährige das Selbstbestimmungsrecht über ihren Körper zu erhalten.

Dieser Film zeigt, was es heißen kann, wenn ehemals schicksalhafte Zumutungen in den Einflussbereich des Ich gelangen. Konnten wir früher unseren Zorn, unsere Ohnmachtsgefühle, aber auch unsere Hoffnung auf einen Gott werfen, weil er uns zu früh, elend und grundlos sterben ließ, oder wir ein Wunder erhofften, so ist all das heute in weiten Bereichen unter den Menschen auszutragen. Psychologisch wird aus der Selbstverwirklichung eine Ich-Verwirklichung, aus Selbstvertrauen ein Ich-Vertrauen, und bei der Selbstoptimierung geht es um Ich-Optimierung. Folge ist, dass die einst metaphysisch verortete, nicht-menschliche Schuld nun vermenschlicht und dem Ich-Komplex aufgebürdet wird. Und im Film wird durch die Mutter der leukämiekranken Kate exemplarisch vorgestellt, was diese Herausforderung bewirkt: Die Mutter erlebt sich besessen von der Idee, den Tod zu besiegen. Dabei verliert sie Freiheit, man könnte sagen, ihr Ich ist gefangen in einen autonomen Komplex, den man Gotteskomplex nennen kann. Alle um sie herum erkennen das, nur sie selbst nicht. In diesem Komplex steckend, handelt sie zunehmend brutal und rücksichtslos und entfremdet sich von ihrem Ehemann und ihren Kindern.

# 3 Grenzerfahrungen: Geburt und Tod

## Die Geburt ist ins Krankenhaus umgezogen – somit ein Fall für die Medizin

Geburt und Tod sind seit Urzeiten eingebettet in religiöse Vorstellungen und rituelle Handlungen. So vertraut die Christenheit seit 2 000 Jahren auf Taufe und letzte Ölung. In existentiellen Grenzsituationen, wo wir Unendliches, Unfassbares aber auch Unheimliches berühren – beziehen wir uns auf das Selbst. Heute ist in diesen Übergangserfahrungen medizinische Unterstützung nicht mehr wegzudenken. Die dazugehörenden Chancen und Risiken, Hoffnungen und Ängste werden zunehmend häufiger Thema in der Psychotherapie.

Als ein Arbeitgeber kurzlich seiner schwangeren Angestellten sagte, dass Schwangerschaft keine Krankheit sei, rief dies ziemliche Empörung hervor. Eigentlich wollte er sie darauf einstimmen, dass ein Grundvertrauen in den natürlichen Verlauf berechtigt sei. Doch die Schwangere fand diese Einstellung unangemessen. Ihr schien es wichtig, sich so früh wie möglich präventiv zu schonen, um das werdende Kind nicht zu gefährden. Weiterarbeiten kam für sie nicht mehr infrage. Das ist kein Einzelfall: Immer mehr Frauen ziehen sich so früh wie möglich aus einer beruflichen Tätigkeit zurück, ohne dass sie oder das Ungeborene krank sind.

Grundsätzlich sind Schwangerschaft und Geburt seit Menschengedenken in der Regel ohne medizinische Unterstützung gut verlaufen. Doch mittlerweile ist in der westlichen Welt die Medizin für fast jede Schwangerschaft und Geburt zuständig. Und heutzutage ist es für die meisten Frauen selbstverständlich, im Krankenhaus zu entbinden. Anfang der

## 3 Grenzerfahrungen: Geburt und Tod

60er Jahre des letzten Jahrhunderts war das in den ländlichen Gegenden in Süddeutschland für viele Frauen eine ganz neue Erfahrung, auch für die heute 85-jährige – ich nenne sie – Frau Müller. Sie erzählte mir von der Geburt ihres jüngsten Kindes, die sie 1962 zum ersten Mal in ihrem Leben überhaupt ins Krankenhaus führte, und zwar nicht, weil eine Komplikation zu erwarten gewesen wäre, sondern weil es üblich wurde. Im Krankenhaus wurde sie überwältigt von einer tiefen Scham vor dem Arzt, nachdem sie nie zuvor gynäkologisch untersucht worden war. Die Anwesenheit des Arztes bei der Geburt verunsicherte zudem ihr Selbstwertgefühl, weil sie nicht mehr sicher war, ob sie ohne seine Unterstützung in der Lage gewesen wäre, zu gebären. Viele Monate lang spürte sie große Angst, ihr im Krankenhaus geborenes Kind nicht genau so lieben zu können wie ihre anderen Kinder. Das weckte Schuldgefühle. Erschwerend kam hinzu, dass sie sich als junge Frau nicht traute, ihre innere Not irgendjemandem mitzuteilen. Erst Jahrzehnte später konnte sie das in der Psychotherapie mitteilen.

Die beschriebenen Emotionen der Patientin sind an der Schnittstelle zwischen Tradition und einer sich neu etablierenden Konvention aufgetaucht. Auch wenn sie nicht verallgemeinert werden können, erhellen sie doch einige Aspekte kollektiver Veränderungsprozesse. Vor dem Hintergrund des Selbstverständnisses der modernen Medizin sind nämlich Schamgefühle bei Patienten nicht ganz verwunderlich, denn die Medizin darf heute Dinge tun, die in anderen Epochen oder Kulturen verboten waren. Ärzte dürfen heute in alle Körperöffnungen eindringen, ihnen sind Berührungen erlaubt, die früher strengstens tabuisiert waren. Moderne Medizin ist ohne solches invasives Handeln nicht mehr erfolgreich praktizierbar. Da Tabus heute aber im Verdacht stehen, nichts anderes als die Hinterlassenschaft altmodischer Menschen zu sein, neigen manche Patienten dazu, Schamgefühle abzuwerten oder zu verdrängen, weil sie weder als unmodern, noch als undankbar gelten wollen. Wenn mittels Rationalisierung vorhandene unangenehme Gefühle unterdrückt oder verdrängt werden, können sie aber als Stressfaktor eine Behandlung verkomplizieren.

Eine Entbindung im Krankenhaus ist heute weitgehend akzeptierte Norm. Und Normalität erzeugt bei vielen Menschen ein Geborgenheitsgefühl, etwa nach dem Motto, wenn es viele tun, wird es schon richtig, vernünftig und angemessen sein. Die Medizin ist zweifelsohne hilfreich bei

Risikoschwangerschaften und Krankheiten von Mutter oder Kind. So sind die Mütter- und Säuglingssterblichkeitsraten in den Industrienationen aufgrund der verbesserten medizinischen Versorgung seit Beginn des 20. Jahrhunderts drastisch gesunken. Vor dem medizinischen Fortschritt mussten Frauen Jahrmillionen lang mit ihren Hebammen auf ihr eigenes Wissen, die Natur und Gott vertrauen. Das ist Dank der Medizin weitgehend überholt. Nicht mehr Vertrauen in das Schicksal, die Natur oder Gott sind vorrangig gefordert, sondern vor allem Wissen. Dieser Paradigmenwechsel wird an einem Beispiel deutlich: Die Malaien in Neuguinea (Vonessen, 1998, S. 34) versuchten, einer Schwangeren die Geburt zu erleichtern, indem sie alles im Haus, was sonst verschlossen gehalten wird, öffneten: Türen, Fenster und Schränke. Wir ersetzen ein solches Analogieverständnis durch die Beachtung der biologisch-medizinischen Phänomene. Der Analogiezauberer konnte lediglich hoffen, den Erfolg zu begünstigen, indem er ihm – beim Geburtszauber sogar im wörtlichen Sinn – jede mögliche Tür öffnete. Eintreten musste das Ereignis schon selbst, sein Kommen konnte bloß erhofft werden. Insofern hat die moderne Medizin die Wandlung des Menschen von einem Hoffenden zum Willenswesen erleichtert.

Welche Einstellungsänderungen könnten den Umzug von Zuhause in das Krankenhaus begleiten? Über lange historische Epochen war die gebärende Frau dem Geburtsvorgang ausgesetzt. Insbesondere die erste Geburt war und ist für eine Frau immer eine ganz neue, völlig unbekannte Erfahrung, bei der sie zum Werkzeug der Mutter Natur wird. Zu einem unbekannten Zeitpunkt setzen spontan die Wehen ein, denen sie ausgeliefert ist. Indem sich die Gebärende dem Rhythmus des natürlichen Geschehens unterwirft, indem sie »mitgeht«, kann sie das Kind gebären – nie ohne Risiko und Gefahr. Bei der Spontangeburt muss sie einerseits Schmerz und Ohnmacht erfahren, andererseits ist sie am Geburtsprozess beteiligt und kann nach einer unkompliziert verlaufenden Geburt Glück, Stolz und ein gutes Selbstwertgefühl haben, denn sie hat die Situation gemeistert. Das Ich hat einem archetypischen Geschehen standgehalten.

Im Krankenhaus ist eine Gebärende weniger auf sich gestellt, weil sie durch Ärzte und medizinische Technik unterstützt wird. Auch Entscheidungen werden ihr abgenommen. Bei allen damit einhergehenden Vorteilen verliert die Frau gleichzeitig einen Teil ihrer früheren Souveränität und fühlt sich deshalb eventuell schwächer und inkompetenter. Vielleicht wollen in Deutschland wieder mehr Frauen bei unkompliziertem Schwangerschaftsverlauf zu Hause entbinden, weil sie sich dabei u. a. souveräner als in der Klinik erleben.

Gegenläufig zum steigenden Wunsch nach einer Hausgeburt entscheiden sich immer mehr Frauen für eine Geburt per Skalpell. So erfolgen in Deutschland und der Schweiz derzeit etwas mehr als 30 % der Geburten per Kaiserschnitt, zehnmal mehr als vor 70 Jahren und doppelt so viel wie vor 20 Jahren. In einigen brasilianischen Großstädten beträgt die Kaiserschnittrate bis zu 90 %. Junge Ärzte und Hebammen erleben dort immer seltener Spontangeburten, so dass der Kaiserschnitt zur Normalität wird und die Spontangeburt zur exotischen Ausnahme. Dadurch geht viel Wissen über den natürlichen Geburtsvorgang verloren, mit der Folge, dass einige Ärzte eine Spontangeburt gar nicht mehr begleiten wollen.

Sobald der Kaiserschnitt Normalität wird, entsteht diesbezüglich ein neuer, emotional entlastender Geborgenheitsraum, und die Entscheidung zur Spontangeburt kann zur Bürde werden. Bürde deshalb, weil sie einer Rechtfertigung bedarf und Rechtfertigungsdruck gerne an Stellen entsteht, wo sich jemand gegen eine gängige Norm stellt. Genau damit sind heute Frauen, die zu Hause entbinden wollen, konfrontiert. Indem sie sich unkonventionell verhalten, lastet mehr Verantwortung auf ihnen als in Zeiten, in denen eine Hausgeburt absolut üblich war.

Die WHO geht derzeit davon aus, dass nur bei 15 % der Geburten ein Kaiserschnitt notwendig ist. Bei uns erfolgt also statistisch betrachtet jeder zweite Kaiserschnitt ohne dringende medizinische Begründung. Angst vor der Geburt hat es sicher zu allen Zeiten gegeben, und es wäre nicht verwunderlich, wenn sie heute im Zunehmen begriffen wäre, denn paradoxerweise neigen Ängste zur Vermehrung, gerade wenn Sicherheit, Machbarkeit und Planbarkeit steigen. Und wenn heute dank Kaiserschnitt das Angebot besteht, Wehenschmerzen und die Angst davor vermeiden zu können, ist das ein verlockendes Angebot, zumal keine Frau vor der Geburt weiß, wie »stark« sie sein wird, wie viel Kraft und Ausdauer ihr zur Verfügung stehen werden. Während eine Spontangeburt beginnt, wann sie will und wie sie will, und zudem unberechenbar ist hinsichtlich Dauer und Verlauf, ist der Kaiserschnitt voll im Trend heute gewünschter Arbeitsabläufe: Er bindet wenig Zeit und hat einen weitgehend kalkulierbaren

Ablauf. Er ist ökonomisch sinnvoll, weil kein unpassender Geburtsbeginn in Kauf genommen werden muß, etwa weil Ärzte übermüdet oder in geringer Besetzung Dienst leisten müssen. Eine Optimierung der vorhandenen ärztlichen und technischen Ressourcen kann erreicht werden. Die Situation ist für alle Beteiligten planbar und kontrollierbar.

Während die Frau bei der Spontangeburt aktiv mithelfen muss, ist sie bei einem Kaiserschnitt vollkommen passiv. Aber auch das Stöhnen und Schreien anläßlich der Wehenschmerzen verstummt. Man könnte den Kaiserschnitt als geradezu diskretes Ereignis charakterisieren, da eine Belästigung durch heftige Emotionen bei der Geburt nicht mehr vorkommen kann. Beim Kaiserschnitt wird der eigentliche Geburtsvorgang für die Gebärende zu einem nicht mehr spürbaren Vorgang. Die Gebärende ist von bewussten sinnlichen und emotionalen Erfahrungen abgeschnitten. Sie wird hinsichtlich des Gebärvorgangs nahezu bedeutungslos. Die Initiation des Mutterwerdens als Grenzerfahrung wird ausgelöscht. Vielleicht haben manche Frauen nach einem Kaiserschnitt ein »schlechtes« Gefühl und erleben sich als nicht vollwertig, weil ihnen zwar der Wehenschmerz erspart, gleichzeitig aber eine wesentliche Menschheitserfahrung entgangen ist.

Schlechte Gefühle oder sogar Groll gibt es allerdings auch bei Frauen, wenn die von ihnen gewünschte natürliche Geburt nicht möglich ist und stattdessen ein Kaiserschnitt vorgenommen werden muss. Einmal sagte in einer solchen Situation eine junge Mutter: »Das ist nicht mein Kind.« Die Tatsache, dass der gefasste Plan nicht realisiert werden konnte, wirkte narzisstisch kränkend. Solche Mütter spüren keine Dankbarkeit über den medizinischen Beitrag zu ihrer Gesundheit und der ihres Kindes. Hier wird deutlich, dass es auch beim Wunsch nach einer natürlichen Geburt »ums Prinzip« gehen kann.

## Reproduktionsmedizin

Medizin hat vereinnahmende Züge. Damit meine ich, dass sie sich längst nicht mehr nur um Krankheiten kümmert, sondern seit einigen Jahren vermehrt um Wünsche. Lautet die Diagnose »erfüllter Kinderwunsch«, so kann die gesetzliche Krankenkasse in Deutschland eine Eileiterunterbindung bezahlen. Paaren, die trotz intensivem Kinderwunsch kinderlos bleiben, und dadurch die Diagnose »unerfüllter Kinderwunsch« beanspruchen, will die Medizin mittels modernster Technik zu einer Schwangerschaft verhelfen. Dank der Diagnose »unerfüllter Kinderwunsch« übernimmt die gesetzliche Krankenkasse einen Teil der Kosten reproduktionsmedizinischer Anstrengungen. Die Gesellschaft hat somit einen unerfüllten Kinderwunsch als medizinische Diagnose akzeptiert.

Wenn Paare sich zu Sterilitätsbehandlungen entschließen, treffen sie zunächst die Entscheidung, dem Arzt ihren sexuellen Intimbereich zu offenbaren. Falls eine In-vitro-Fertilisation infrage kommt, wird dem Körper der Frau einiges zugemutet, von der Hormoneinnahme bis zur Narkose bei der Eizellentnahme. Die körperliche Integrität und Intimität des Mannes ist bei der Samenspende deutlich geschützter. Er kann ungestört und unbeobachtet in einer Kabine masturbieren.[3] Der Theologe Stephan Wehowsky (Wehowsky, 1988, S. 53) betont, dass im Verlauf einer In-vitro-Fertilisation neue Beziehungen entstehen; u. a. eine legitime Dreiecks-Beziehung. Dem Arzt – und meistens ist es ein Mann – gelingt etwas, was dem Partner bisher nicht gelungen ist: Er verhilft der Frau zu einem Kind. Als mächtiger Helfer scheint er potenter als der Partner. Er könnte in der Phantasie eine Rolle spielen und dabei eine der drei beteiligten Personen emotional überfordern.[4]

---

3 Mittlerweile erlauben einige europäische Länder nicht nur Samen- sondern auch Eizellspenden. Obwohl einer Eizellspenderin körperlich deutlich mehr zugemutet wird als einem Samenzellspender, wird sie im Gegensatz zum Samenspender nicht finanziell entschädigt, muss also ihre Eizelle tatsächlich spenden. Diese Besserstellung der Männer ist nicht plausibel, sondern diskriminierend.
4 Ein Mann kann sich anlässlich einer Samenspende als Objekt erleben, das zu liefern hat. Dabei können irritierende Gefühle auftauchen, die häufig unterdrückt werden. Ähnlich können Maßnahmen vor einer In-vitro-Fertilisation eine Partnerschaft extrem belasten, etwa wenn Sexualität nach dem Eisprung-Kalender organisiert werden muss. Wenn Sexualität vor allem auf den Zweck der Befruchtung hin organisiert wird, kann das zur Tortur werden.

Im Rahmen einer In-vitro-Fertilisation wird die Frau zum Eierlieferanten und der Mann zum Samenspender. Sexualität und Zeugung werden getrennt: Geschlechtsverkehr ist nur noch *eine* Methode für die Reproduktion.

Mittlerweile haben der Fussballer Cristiano Ronaldo drei und der Unternehmer Nicolas Berggruen zwei Kinder von einer Leihmutter austragen lassen. Damit ist sichergestellt, dass ihnen diese Kinder »gehören« – und sie mit der leiblichen Mutter nach der Geburt der Kinder nichts mehr zu tun haben müssen. Dank der Medizin haben sich unabhängig gemacht von Müttern, die das alleinige Sorgerecht für die Kinder beanspruchen und zudem auf hohe Unterhaltsleistungen klagen könnten. Solche Rechtsstreitigkeiten haben sich diese vermögenden Männer mit einer Leihmutterschaft erspart.

In nicht weiter Ferne scheinen wohlhabende Menschen ganz auf das jeweils andere Geschlecht verzichten zu können, wenn sie ein Kind wollen. Die Forschung zur Herstellung von eigenen Eizellen und eigenen Spermien ist ziemlich weit fortgeschritten. Möglich wird, ein Kind mit sich selbst zu zeugen und auf diese Weise genetisch ein Ein-Eltern-Baby zu bekommen. Wird mit dieser Technik die religiöse Idee einer Jungfrauenschwangerschaft, wie wir sie von der biblischen Maria kennen, irdische Realität?

Und wird uns die Industrie bald überzeugen, dass wir am besten daran tun, eine natürliche Fortpflanzung gar nicht erst zu riskieren? Bei der geringsten Möglichkeit, dass irgendetwas mit dem Ei oder Sperma nicht in Ordnung sein könnte, könnte man uns einreden, lieber auf ein sicheres, geplantes Verfahren zu setzen, bei dem wir angeblich von vorneherein wissen, was wir bekommen. Die Fortpflanzung des Menschen – vermutet der Biochemiker Erwin Chargaff – (Wehowsky, 1988, S. 58) könnte zunehmend aus der Geschlechtssphäre hinaus in die semiindustrielle Produktion überführt, technisiert und kommerzialisiert werden. Damit nähern sich menschliches und tierisches Erleben heutzutage stärker an, als vielen Menschen bewusst ist, denn die künstliche Besamung durch Tierärzte ist bei einigen Tieren wie Pferden und Kühen bereits Routine. Mit der Reproduktionsmedizin stehen wir mit den Tieren, was Fortpflanzung anbelangt, auf einer Stufe.

Dank In-vitro-Fertilisation ist das Kind weniger Geschenk, sondern eher Folge der Bemühungen eines Laborteams. Mit einer gewissen, wahrscheinlich zunehmenden Zuverlässigkeit wird ein Kind hergestellt. Wie bei anderen Produkten wird Wert auf Qualität gelegt, und wo sie machbar ist, werden wohl die Ansprüche steigen. Zulauf wird haben, wer die schönsten, intelligentesten, die fügsamsten oder erfolgreichsten Stammhalter erzeugen kann. Das Menschenbild könnte gnadenlos perfekt werden. Angesichts des zunehmenden Servicedenkens könnte für das zu zeugende Kind ein Garantieschein verlangt werden: Das Kind wird erst angenommen, wenn es einwandfrei ist. Und falls ein mangelhaftes Kind erzeugt wird, wer ist dann verantwortlich, wer hat also Schuld und haftet? Und was wird mit fehlerhaften Kindern passieren? Kann man sie ablehnen und zurückgeben?[5]

Wenn es uns darum geht, Menschen zu verbessern, sind Menschen, wie sie derzeit sind, nicht wirklich akzeptiert. Das hat durchaus etwas Grausames an sich und kann nun nicht mehr Gott oder dem Schicksal angehängt werden. Wenn etwas schiefgeht, richten sich Wut oder Trauer gegen diejenigen Menschen, die an der Herstellung mitgewirkt haben. Während Gott bzw. das Schicksal für ihre »Fehler« immer schon ungeschoren davonkamen, können Menschen zur Rechenschaft gezogen werden. Deshalb braucht es so viele Versicherungen, die den einzelnen Menschen entlasten und die Ausgleichszahlungen letztlich an das Kollektiv weitergeben. Die einzelne Person wäre mit der Haftung überfordert. Und mit steigenden Errungenschaften steigen die Risiken und zwangsläufig die Versicherungsprämien. Die Folgen der immensen persönlichen Verantwortlichkeit sind dramatisch: In den USA scheinen deshalb immer weniger Ärzte in der Geburtshilfe arbeiten zu wollen. Die meisten Klagen wegen Kunstfehlern überhaupt gibt es nämlich in der Geburtsmedizin. Und da geht es immer um riesige finanzielle Entschädigungen.

Meines Erachtens wäre es lohnend, Bedeutung und Auswirkung des Unterschieds der Zeugungsorte für die menschliche Entwicklung zu erforschen: In der Natur findet die Zeugung des Menschen in einer warmen, dunklen Körperhöhle statt. Bei der In-vitro-Fertilisation ist das

---

5 Das Grimm'sche Märchen »Hans mein Igel« beschreibt, wie ein Wunschkind, das den Erwartungen der Eltern überhaupt nicht gerecht wird, seine Persönlichkeit und Begabungen trotzdem entwickelt und zum König, also zum wichtigsten Mann im Staat, wird. (Daniel, 2015, S. 107)

werdende Leben zeitweise großer physischer Kälte und Helligkeit ausgesetzt. Zudem dringt das Spermium nicht selbständig in die Eizelle ein, sondern wird mit einem spitzen Gegenstand durch die Eihülle gestoßen. Es ware naiv zu glauben, dass diese Eingriffe keine Konsequenzen für die menschliche Entwicklung und Identität haben, denn im Körperunbewussten sind sie gespeichert. Doch In-vitro-Fertilisations-Kinder würden gar nicht leben, wenn es diese Technik nicht gäbe. Sie können diese medizinische Errungenschaft begrüßen, weil sie geholfen hat, Mutter Natur ein Schnippchen zu schlagen. Diesen Fortschritt kann man mythologisch gesprochen als fortwährende promethische Akte verstehen: In der Tradition des Prometheus, der den Göttern das Feuer stahl, um die Menschen unabhängiger von den Launen der Natur zu machen, steigern wir stetig unser Know-how und damit die Autonomie von den Naturgesetzen. Zu dieser Überwindungsabsicht der Natur gehört letztlich auch der Wunsch, auf menschliche Mütter ganz verzichten zu können. 2016 hat es der Wissenschaftler Ali Brivanlou von der Rockefeller University in New York geschafft, einen Embryo in einem Kulturmedium, das die Gebärmutterwand nachahmte, 12 Tage lang wachsen zu lassen. In seiner Stellungnahme heißt es: »Erstaunlicherweise verlief die Entwicklung in unserem System trotz der völligen Abwesenheit des mütterlichen inputs mindestens in den ersten zwölf Tagen normal.« Es ist interessant, hier das Wort normal zu finden – vielleicht soll es helfen, die Akzeptanz weiterer Laborversuche zu erhöhen.

Selbst wenn es eines Tages biologisch gelingen sollte, einen Menschen extrauterin wachsen zu lassen, taucht auch hier die Frage auf, was das für einen Menschen bedeuten wird. Und all diese technischen Eingriffe muss das Neugeborene hinnehmen. Ob Natur oder Technik, es ist und bleibt Schicksal, einmal ziemlich außerhalb und einmal ziemlich innerhalb menschlicher Verantwortung. Und diese unterschiedlichen Verantwortlichkeiten werden unsere Beziehungen beeinflussen. Wenn wir uns erinnern, wie viel Groll manche bereits angesichts des von den Eltern ausgewählten Namens hegen, taucht die Frage auf, wie es sein wird, wenn man von technischen Eingriffen der Eltern erfährt – die übrigens häufig verschwiegen werden. Es scheint bei zahlreichen Nutzern solcher modernen Techniken zumindest derzeit noch ein Unbehagen zu geben, weshalb ganz neue Arten von Familiengeheimnissen entstehen.

Neuland hinsichtlich der menschlichen Identität wurde 2016 in Mexiko betreten, als ein Kind mit drei leiblichen Eltern zur Welt kam. Es hat zwei Mütter und einen Vater. Der Zellkern einer Eizelle der eigentlichen Mutter wurde in eine zuvor entkernte Eizelle einer Spenderin übertragen. Die zweite Mutter lieferte nur die Eizellhülle und die so genannte Mitochondrien-DNA. Zweck dieser Behandlung war es, eine Erbkrankheit beim Kind zu verhindern.

Mit Ein-Eltern-Babys oder Drei-Eltern-Babys – berühren wir da nicht ehemals göttliches Terrain? Und bemerken Ehrfurcht oder Schaudern? Doch der Drang nach Grenzüberschreitung liegt, wie mehrfach erwähnt, in der menschlichen Natur. Hinsichtlich der Chancen sind manche zu optimistisch, hinsichtlich der Gefahren andere zu pessimistisch. Zu pessimistisch waren im 19. Jahrhundert etwa jene, die durch die Geschwindigkeit beim Zugreisen ernste Gesundheitsschäden befürchteten. An der Schnittstelle zwischen Neuerung und Tradition taucht eine breite Palette von Emotionen zwischen Begeisterung und Ablehnung auf. Wenn wir die dahinterliegenden Sehnsüchte und Ängste bewusstmachen, können wir bestenfalls eine Haltung entwickeln, die weder zu kritisch noch zu euphorisch ist.

Künstliche Befruchtung im Zusammenwirken mit pränataler Diagnostik sowie andere medizinische Methoden könnten dazu führen, dass die Menschenwürde der Gesundheit und ihrer Optimierung untergeordnet wird. Das allgemeine Heilungsversprechen der Medizin – das sie in vielen Bereichen einlöst und worüber wir oft froh und dankbar sind – könnte bewirken, dass Wert und Würde des Menschen verstärkt über die Gesundheit definiert wird. Würde ist dann nicht etwas, was einem Menschen grundsätzlich zukommt, sondern das Resultat von Qualitäten oder Fähigkeiten, die mehr oder weniger, im schlimmsten Fall gar nicht mehr vorhanden sein können. Ein solcher Trend hat es besonders leicht in Gesellschaften, die dazu neigen, ihre Mitglieder nach dem Nutzen zu bewerten.

Die Menschenwürde wird seit einiger Zeit auch beim Sterben hinterfragt, sie scheint nicht mehr in jedem Fall gegeben zu sein, sondern von guten Rahmenbedingungen abhängig, weshalb es sich lohnt zeitgenössische Umstände des Todes zu betrachten.

## Der Tod ist ins Krankenhaus umgezogen – somit ein Fall für die Medizin

Der französische Historiker Philippe Ariès (Ariès, 1979) hat darauf hingewiesen, dass der Mensch über Jahrhunderte, vielleicht sogar über Jahrtausende, spürte, wann seine Todesstunde naht. Einige Sterbende zogen sich zurück, etwa an ihren Lieblingsplatz, um in Ruhe alleine zu sterben. Andere suchten die Gemeinschaft. Im Frankreich des Spätmittelalters verabschiedete sich der Sterbende häufig zu Hause von Verwandten und Bekannten. Vielfach wurde ein Priester gerufen und vor allen Anwesenden der letzte Wille bekundet. Noch im 18. Jahrhundert war das Sterbezimmer bis zum letzten Atemzug des Sterbenden ein öffentlicher Raum voller Menschen. Immer waren Kinder dabei, bis der Tod eingetreten war. Erst in den Industriegesellschaften ab Beginn des 19. Jahrhunderts beobachtete Ariès eine zunehmende Abneigung der Menschen, sich den eigenen herannahenden Tod einzugestehen. Nicht mehr der Sterbende, sondern die Ärzte wussten von nun an die Zeichen, die den Tod ankündigen, zu deuten. Kompetenz hinsichtlich des Sterbens beanspruchte die Medizin. So verwundert nicht, dass der Tod nach und nach aus der vertrauten Alltagswelt verschwand und in das Krankenhaus übersiedelte.

Moderne medizinische Behandlungsmethoden schieben heute den Eintritt des Todes erheblich hinaus und verwischen zudem die Grenze zwischen Leben und Tod. Der Übergang zwischen Leben und Tod ist komplizierter geworden. Denn wann ist der Mensch »richtig« tot? Sobald die Diagnose »Herztod« oder »klinischer Tod« gestellt ist? Da kann häufig reanimiert werden. Oder ist der Mensch bei der Feststellung des Hirntodes tot, obwohl er rosig durchblutet, warm, wie schlafend daliegt? Um Antworten wurde kontrovers und hochemotional, also komplexhaft gerungen. Resultat ist, dass der Tod nicht mehr lediglich aufgrund physiologischer Parameter, sondern per Definition festgelegt ist. Und wem diese Definition etwa angesichts der sinnlichen Wahrnehmung Unbehagen bereitet, der wird manchmal als irrational gescholten. Doch sollte nicht vergessen werden, dass wir den Hirntod von außen betrachten und niemand aus der Innensicht etwas über dieses Zustand weiß. Wir müssen hier zumindest partiell vermuten und glauben.

Eine gesellschaftliche Übereinkunft zum Hirntod hat weitreichende Konsequenzen, denn der Leichnam eines gesunden Hirntoten wird dadurch wertvoll und nutzbar: Seine Organe können »recycelt« werden. Aus Japan kommt diesbezüglich Widerstand, weil die Vorstellung herrscht, dass jeder Teil des Körpers vom Geist der Person durchdrungen ist; der Geist somit nicht ausschließlich im Gehirn lokalisiert werden kann. Wenn aber jeder Körperteil ein Stück Geist enthält, führt eine Transplantation zur Verletzung der Persönlichkeit (Lafontaine, 2010, S. 68). Kulturen, die dagegen den Hirntod akzeptieren, können mittels Organtransplantation die Organe in den Kreislauf des Lebens zurückbringen. Zwar nicht der Leichnam im Ganzen, aber einzelne seiner Organe erleben die Auferstehung des Fleisches, und jetzt ist das kein christlicher Mythos mehr, sondern ganz konkreter Fortschritt. Die Benutzung der Organe des Leichnams ist in der westlichen Welt nur möglich, weil sich seit der Aufklärung unsere Einstellung zu Tod und Leichnam verändert hat. Vorher erlebten die Menschen angesichts eines Leichnams die Präsenz des Numinosen. Der Leichnam war unheimlich, und Ehrfurcht oder Abscheu prägten den Umgang mit dem Leichnam. Das Mittelalter fühlte sich noch vom Jenseits bedrängt, glaubte an aktive Tote, die man mit Friedhofsmauern und am Eingang liegenden Rosten, den sogenannten Hexengittern, die als Beinbrecher fungieren sollten, auf Distanz zu den Lebenden halten wollte.

Solche Schutzvorrichtungen würde heute niemand für notwendig halten, und die stattgefundene Entmythologisierung sowie Enttabuisierung macht den toten Körper zur Ware, die man entweder gebrauchen kann oder auch nicht. Spätestens seit die Organe hirntoter Menschen käuflich sind, ist das evident. Nicht wenige Lebende empfinden heute selbst ihren Leichnam als Zumutung für die Nachkommen, da dieser den Angehörigen die Grabpflege aufbürden kann. Eine solche Last wollen sie den Angehörigen ersparen. Pflegeleicht und kostengünstig soll die letzte Ruhestätte sein, und Billigimporte von Särgen aus Osteuropa oder Preisvergleich unter Bestattern, was früher als pietätlos gegolten hätte, sind heute weitverbreitet.

## Wem gehört der Tod?

Ein päpstliches Dokument des Mittelalters wies laut Philippe Ariès dem Arzt die Pflicht zu, einen Sterbenden auf seinen nahen Tod hinzuweisen, falls er selbst nichts bemerkte (Ariès, 1976, S. 160). Etwa ab dem 19. Jahrhundert sprach der Arzt nur noch, wenn er ausdrücklich gefragt wurde, und dann bereits mit Zurückhaltung und gegen Ende des 20. Jahrhunderts entstand der Trend, dem Sterbenden die Wahrheit über den nahenden Tod zu verheimlichen. Sterbende wurden auf diese Weise nicht nur geschont, sondern ihrer Souveränität und Selbstbestimmung beraubt, auch weil von nun an Ärzte und Angehörige wesentliche Entscheidungen trafen. Diese Entmachtung des Sterbenden – Ariès spricht sogar von Enteignung – sollte zu seinem Besten geschehen, erschwerte aber dem Sterbenden, sich auf seinen Tod vorzubereiten.

Das Selbstbestimmungsrecht von Patienten wurde 2010 durch ein Grundsatzurteil des Bundesgerichtshofs dahingehend gestärkt, dass Ärzte lebensverlängernde Maßnahmen abbrechen dürfen, selbst wenn der Patient noch nicht kurz vor dem Tod steht. Bei Patienten, auch bei bewusstlosen, ist allein deren mutmaßlicher Wille entscheidend. Dank der juristischen Klärung darf der Tod, wenn gewünscht, wieder natürlich ablaufen.

Diese wiedergewonnene Freiheit genügt nicht allen, manche pochen auf mehr Selbstbestimmung, nämlich auf das Recht zur aktiven Sterbehilfe. Dieser Wunsch erinnert an die Haltung der Stoiker. Sie betrachteten einen Suizid im Falle einer unheilbaren Krankheit oder unabwendbaren Armut als gerechtfertigt. Sobald ein Mensch sterbewillig war, musste er seine Gründe öffentlich dem Senat darlegen, und falls der Rat dem Suizidwunsch zustimmte, erhielt der Bürger von den Behörden Gift, um damit aus dem Leben scheiden zu können. Soldaten oder Sklaven war der Suizid allerdings damals aus patriotischen bzw. ökonomischen Gründen untersagt.

Während weder das Alte noch das Neue Testament einen Selbstmord verurteilen (Alvarez, 1974, S. 63), war das Mittelalter weit weniger tolerant. Das Lebensende war nun in göttliche Hände zu legen. Es gab die Pflicht, zu leben und dem Monarchen mit seiner Arbeitskraft zur

Verfügung zu stehen. Einen Selbstmörder wähnte man im Bann des Teufels, und sein Leichnam wurde abschreckenden exorzistischen Riten unterzogen. Seine Güter wurden in der Regel konfisziert. Adel und Klerus wurden jedoch von diesen Maßnahmen verschont, man unterstellte ihnen im Falle eines Selbstmordes eine edle Gesinnung. Anfang des 17. Jahrhunderts begann eine neue Sichtweise, als der englische Arzt Robert Burton behauptete, daß die Ursache des Suizids nicht in satanischer Besessenheit, sondern in der Melancholie liege. Ein suizidaler Mensch durfte seiner Meinung nach nicht als Verbrecher oder Opfer des Teufels gesehen werden, sondern musste als Kranker behandelt werden. Diese Sicht fiel auf fruchtbaren Boden, und 1751 verschwand der Suizidstraftatbestand aus dem preußischen und 40 Jahre später aus dem französischen Gesetzbuch. Im 19. Jahrhundert gelangte der Suizid endgültig in den Zuständigkeitsbereich der Medizin.

Menschen, die sich zum Selbstmord entschließen, bringen sich in aller Regel allein, heimlich und unter dem Risiko des Misslingens um, nachdem sie die Beziehung zu anderen Menschen abgebrochen haben. Die moderne Institutionalisierung des Suizids in Form von aktiver Sterbehilfe verwandelt ihn nahezu ins Gegenteil: Der Suizid kann im Beisein von Anderen risikominimiert, kalkulierbar, schmerzfrei, zügig, an einem frei gewählten Zeitpunkt, gesellschaftlich weitgehend akzeptiert durchgeführt werden. Die Sterbehilfe liegt damit nicht nur im Trend unserer Gewohnheit, das Leben zu erleichtern, sondern zeigt phänomenologische Parallelen zum Kaiserschnitt.

## Der Tod als narzisstische Kränkung

»Nichts ist gewisser als der Tod, nichts ungewisser als seine Stunde«: Den zweiten Halbsatz des Spruches, der Anselm von Canterbury zugeschrieben wird, empfinden zunehmend mehr Menschen als narzisstische Kränkung und bestehen auf dem Recht, ihren Todeszeitpunkt selbst bestimmen zu dürfen. Viele an einer unheilbaren Krankheit leidenden Patienten sehen keinen anderen Ausweg als den Freitod. Sie wollen nicht ohnmächtig abwarten. Indem Todeszeitpunkt und Todesart gewählt werden, erhält man zumindest partiell Macht über den Tod. Im Unterschied zum klassischen »Selbstmörder« werden nahestehende Menschen in die Absicht eingeweiht und um Zustimmung gebeten. Vielleicht ist dieser Wunsch nach Sterbehilfe in gewissen Fällen ein unbewusster Ruf nach Zuwendung und Angenommensein in einer Welt, die zunehmend mehr brüchige, instabile, austauschbare Beziehungen kennt und immer weniger metaphysische Geborgenheit.

Befürworter der Sterbehilfe kritisieren häufig das Wort »Selbstmord« und finden den Begriff »Freitod« angemessener. Die Wirkung und Kraft der Worte ist in diesem Kontext immens. Aktive Sterbehilfe umschreibt eine Tötung auf Verlangen, eine Selbsttötung, die unterstützt bzw. der assistiert wird. Das klingt nicht ganz so positiv wie das Wort »Freitod«. Eine Werbung für Tötung auf Verlangen könnte kaum gestartet werden, wohl aber eine für aktive Sterbehilfe. Denn aktiv sein, wer will das heute nicht? Schließlich ist Aktivsein einer der wichtigsten kollektiven Werte. Die Macht der Worte wird auch deutlich, wenn gefordert wird, beim selbstgewählten Beenden des Lebens weder von Selbstmord noch von gezielter Tötung, sondern von »Hilfe zum Sterben« zu sprechen. Auch hier gilt: Helfen, wer will das nicht? Und wer wagt es, Hilfestellung abzulehnen? Manche, die einem Sterbehilfewunsch nicht zustimmen wollen, verdrängen ihr Unbehagen, weil sie befürchten, dass ihnen genau diese unterlassene Hilfeleistung vorgeworfen wird und sie deshalb als unmenschlich gelten.

Euphemismus als begriffliche Verschleierungstaktik erinnert mich an das sogenannte »Keulen« von Tieren, das nichts anderes als massenhaftes Töten, meistens Vergasen von Tieren meint. Derart beschönigende Begriffe schonen uns vor schmerzlichen Gefühlen angesichts einer grausamen Realität. Das scheint mir ein wichtiger Trend: der Versuch, heftige Emotionen und schreckliche Erfahrungen beim Sterben verschwinden zu lassen. Das gilt als gut, als ideal, und nur solch ein Tod scheint würdevoll. Würde scheint nur unter guten Umständen vorhanden zu sein. Der diskrete, unbewusste Tod wird idealisiert und zu einem neuen Mythos. Wesentliches geschieht in bewusstlosem Zustand. Hier ist eine strukturelle

Parallele zum idealisierten Kaiserschnitt erkennbar, der ebenfalls bewusstlos und ohne Geschrei über die Bühne geht.⁶ Befürworter und Gegner der Sterbehilfe debattieren äußerst heftig. Was den einen fortschrittlich und als zeitgenössisches Recht auf Selbstbestimmung gilt, ist für andere der Ausdruck einer dekadenten Zeit. Fruchtbar ist anlässlich dieser Diskussion der Blick in den mehr als 4 000 Jahre alten Berliner Hieratischen Papyrus 3 024 (Jacobsohn, 1952, S. 1–48), der das »Gespräch eines Lebensmüden mit seiner Seele« – seinem Ba enthält. Laut Jacobsohn lernten die Zeitgenossen des Lebensmüden wohl zum ersten Mal in der ägyptischen Geschichte den Schrecken und das Grauen des Gottesverlustes kennen. Religiöse Zeremonien waren wertlos geworden, es sollen Desorientierung und Frivolität geherrscht haben. Der Mensch stand ganz allein, was für den an die kollektive Kultgemeinschaft gewöhnten Ägypter unerträglich gewesen sein muss und zu einer Häufung von Selbstmorden geführt haben soll. Stehen wir heute nicht in einer vergleichbaren Situation, weil traditionelle Gottesbilder und religiöse Vorstellungen unglaubwürdig geworden sind und ihre Wirkung verloren haben? Deshalb der Blick auf den alten Text. Der lebensmüde Verfasser hat aufgrund tiefer Verzweiflung den Wunsch und Willen zu sterben. Die peinliche und sorgfältige Beobachtung des Totenrituals ist das Einzige, womit er glaubt, sein Vorhaben der Selbsttötung rechtfertigen zu können. Er wünscht, dass die Götter prüfen, ob er nicht im Recht sei, wenn er aufgrund seiner schlimmen Lage aus dem Leben scheiden will. Nicht die Suizidabsicht, sondern die Angst vor einer Sünde quält den Lebensmüden. Da macht er eine Entdeckung, die für einen Ägypter jener Zeit wohl das Furchtbarste ist, das ihm zustoßen kann: Sein eigener Ba, sein innerster Seelenkern, in der Terminologie der Analytischen Psychologie die Stimme des Selbst, leistet einen gewissen Widerstand gegen sein Vorhaben. Dabei versucht der Ba keineswegs, den Lebensmüden vor der Ausführung seiner

---

6 Wenn in diesen zwei existentiellsten Schwellenerfahrungen der kollektive Trend ein fehlendes Bewusstsein favorisiert, verwundert es kaum, dass die tiefenpsychologisch orientierte Psychotherapie beargwöhnt wird. Wer nämlich das Unbewusste zu berücksichtigen wagt, ist bereit, in gewissem Umfang die Kontrolle des Ich abzugeben und sich auf etwas Größeres als das Ich zu beziehen.

Absichten zurückzuhalten, sondern drückt im Gegenteil eine gewisse Verachtung für die Unentschlossenheit des Lebensmüden aus:

»Bist du nicht selbst der Mann, die Angst vor der Sünde abzuwehren und dich darüber hinwegzusetzen? Eben noch noch […] wolltest du aus dem Leben scheiden, und nun wieder sorgst du dich um das Gute wie ein Herr von Schätzen sich um seine Schätze sorgt, das heißt, nun willst du dir das Gute pedantisch bewahren, und es soll auch nicht der kleinste Makel an dir sein.« (Jacobsohn, 1952, S. 19 f)

Die Härte und Unverblümtheit mit der der Ba seine kurze Antwort erteilt, zeigt, dass das, was der Lebensmüde für Sünde hält, dem Ba wenig ausmacht. Mit der Angst vor einem möglichen Fehlverhalten soll der Lebensmüde selber fertig werden. Der Ba spricht aus, dass die ganze Einstellung des Lebensmüden eine falsche ist. Die Sorge um das formal Gute ist für den Ba nicht relevant. Ihm geht es offenbar um etwas anderes.

Es geht ihm um zwei Dinge: Mit dem vorzeitigen Tod – so der Ba – kann etwas jetzt noch nicht Sichtbares, Unbekanntes, das aus dem Leben des Menschen und des Ba erst noch hätte hervorgehen können und sollen, nicht entstehen. Dabei geht es dem Ba nicht um äußerlich sichtbare Werke, die noch ungetan oder unvollendet sind, sondern um eine noch unbewusste innere Möglichkeit, die tief im Menschen schlummert und sich manifestieren und entwickeln will. Dieses Potential würde mit dem Tod zerstört, noch ehe diese Möglichkeit in die Welt des Bewusstseins geboren wäre. Es geht also um ein unvollständiges, unvollendetes Leben. Der zweite Punkt, auf den der Ba hinweist, ist die Beziehungsqualität zwischen ihm und dem Lebensmüden. Um seinen Standpunkt zu verdeutlichen, beschreibt er einen Beziehungskonflikt zwischen Mann und Frau. Der Ba erzählt von einem Mann, der um das Abendessen bittet, und seine Frau, die nicht einwilligt, weil es noch zu früh ist. Es ist noch nicht Abend, der richtige Zeitpunkt ist noch nicht gekommen. Der Mann fühlt sich aufgrund der ablehnenden Haltung der Frau in seinem Recht gekränkt, in seiner männlichen Selbstsicherheit getroffen und zieht sich grollend von der Frau zurück.

Der Ba vergleicht den Lebensmüden mit einem solchen im Herzen verstockten Mann und betont, dass er vom Lebensmüden in seiner ganz anderen, eigenen Wesensart wahrgenommen und respektiert werden will. Das bedingt, dass der Ba einen eigenen Standpunkt beansprucht und verantwortet, und dasselbe erwartet er vom Lebensmüden. Diese Eigenverantwortung und nicht Gehorsam, Tugend oder harmonische Übereinstimmung soll die Basis der Beziehung sein. Der Lebensmüde soll psychologisch gesprochen auf keinen Fall in einer schwachen Kindposition bleiben, Bravsein anstreben und sein Tun mit den Kategorien »Gehorsam« und »Ungehorsam« bewerten. Nun versteht der Lebensmüde, wie seine ängstliche Verunsicherung das Bedürfnis nach Akzeptanz seiner Selbstmordpläne getriggert hat. Das Entscheidende geschieht, als der Lebensmüde erkennt, dass er die Verantwortung für seine Absicht tragen muss. Diese neu gefühlte Verantwortung steht im krassen Gegensatz zu der Angst vor Sünde und veranlasst den Lebensmüden, sich seine Beweggründe für den Selbstmord bewusst zu machen. Jetzt beschreibt der Ba seine Beziehung zum Lebensmüden:

»Du gehörst ja doch in jedem Fall zu mir [...] du magst dich weiterhin in deinem Gram verzehren, um daran zu sterben, oder du magst dich allmählich wieder an das Leben schmiegen und von deinem Gram genesen [...] das Einssein mit mir, unser Zusammengefügtsein zur menschlichen Ganzheit, die werden wir in beiden Fällen haben.« (Jacobsohn, 1952, S. 41)

Was könnte die Quintessenz des Textes sein? Der Ba wehrt sich vehement gegen die Kategorien »Sünde«, »Strafe«, »Recht« und Unrecht« bei der Frage einer Selbsttötung. Es geht anlässlich einer Selbstmordabsicht nicht darum, Andere, die Seele, Gesellschaft oder eine höhere Macht vom Recht auf Selbsttötung zu überzeugen und deren Zustimmung zu bekommen. Der Ba will keinesfalls als strafende Autorität verstanden werden, sondern ermuntert den Menschen zur Partnerschaft auf Augenhöhe. Das steht in krassem Widerspruch zu einem potenziell strafenden Vatergott, wie ihn viele Christen verinnerlicht haben. Und wer in Diskussionen zur Sterbehilfe verbissen und nahezu militant auf das Sterberecht pocht, kann sich fragen, ob er nicht unbewusst in einem strafenden Gottesbild bzw. Autoritätskomplex gefangen ist.

## Leitlinien für die aktive Sterbehilfe?

Wenn Sterbehilfe erlaubt ist, können wir jenseits derzeitiger Konventionen grenzüberschreitend fragen: Wer erhält die Erlaubnis, Sterbehilfe zu nutzen? Wie alt muss beispielsweise ein Mensch mit einer unheilbaren Krankheit sein, damit er sich töten darf? Auch weil die Medizin vielleicht in einigen Jahren die Krankheit gut behandeln kann? Darf ein (alter) Mensch, der anderen nicht mehr zur Last fallen will, Sterbehilfe nutzen? Oder ein Mensch, der keinen Sinn im Leben findet? Jemand, dem das Leben überdrüssig geworden ist? Sobald solche Fragen gesetzlich geregelt werden, sollten wir uns bewusst sein, dass die Gesellschaft lebensunwertes Leben definiert. Dabei sind zumindest teilweise Projektionen im Spiel, weil die Bewertung von Lebensqualität und Lebenswillen in der Regel durch Menschen erfolgt, die nicht an den genannten Krankheitssymptomen oder Lebensumständen leiden. Was von außen plausibel erscheint, kann subjektiv ganz anders sein. Diesbezüglich hat bereits John Donne, anglikanischer Prediger und Dichter des 17. Jahrhunderts, sich davor verwahrt, die konkreten Bedingungen, die einen Suizid erlauben, präzise zu benennen:

»Ich habe mich willentlich enthalten, diese Rede auf Beispiele und besondere Regeln auszudehnen, [...] weil ihre Grenzen dunkel, schroff, glatt und eng sind und der Irrtum hier tödlich ist.« (zit. nach Flaßpöhler, 2007, S. 35)

Sterbehilfe geschieht üblicherweise mit einem Medikamentencocktail. Der Sterbewillige trinkt ihn, schläft ein, wird bewusstlos und stirbt meistens sanft. Doch was wäre, wenn ein Sterbewilliger sich mit einer Pistole erschießen will? Darf ihm das verwehrt werden? Und wie wäre es, wenn ein Sterbewilliger unbetäubt, also bewusst sterben will? Deshalb beispielsweise ein Messer verlangt, um sich damit die Halsschlagader aufzuschneiden? Und was, wenn ein Mensch durch einen Anderen getötet werden will, sich also den Händen eines Anderen anvertrauen möchte? Wer sich damit auseinandersetzen möchte, kann sich durch den Film *Emmas Glück*[7] inspirieren lassen.

---

7 Er erzählt die Geschichte von Emma, die allein als Schweinezüchterin auf dem heruntergekommenen und hoffnungslos verschuldeten Hof ihres Großvaters lebt. Sie behandelt ihre Schweine liebevoll bis zum letzten Tag und schlachtet sie durch Schächtung. Max ist Autoverkäufer, auch allein, und erhält die Diagnose Bauchspeicheldrüsenkrebs. Er hat nicht mehr lange zu leben. Zufällig landet er auf Emmas Hof, und sie beginnen eine Beziehung. Dabei erlebt Max, wie Emma ihre Schweine schlachtet, und möchte, als es bei ihm ans Sterben geht, dass sie ihn auf diese zärtliche Weise tötet. Was sie auch tut.

Svenja Flaßpöhler berichtet in ihrem Buch *Mein Wille geschehe – Sterben in Zeiten der Freitodhilfe* von dem zur Sterbehilfe entschlossenen Paul Zögli (Flaßpöhler, 2007, S. 131). Er bewertet sein Leben als nahezu perfekt und betont, dass er es in vollen Zügen genossen habe. Der Wunsch, auch am Ende des Lebens die Fäden in der Hand zu halten, sei bei ihm immer stark gewesen. Seine größte Furcht sei deshalb gewesen, dass ein weiterer Herzinfarkt seinem Freitod zuvorkomme. Deutlich wird hier: Es geht ums Prinzip, die Kontrolle bis zum Tod zu behalten.

Beim Wunsch nach Selbstbestimmung geht es aber häufiger darum, schlimmes Leiden zu beenden. So verglich ein krebskranker Mann, der sich für Sterbehilfe entschieden hatte, seine Leidenserfahrung mit Golgatha, jenem Ort, an dem Jesus in unsäglicher Tortur den Tod am Kreuze erdulden musste. Auch Jung hat das ungerechte Leiden des gewöhnlichen Menschen in Zusammenhang mit Christus' Tod auf Golgatha gebracht. Der verzweifelte Aufschrei Jesu am Kreuz: »Mein Gott, mein Gott, warum hast du mich verlassen?« (Mt 27,46) ist nach Jung (Jung, GW Bd. 11, § 647) der Augenblick, in dem dem Gottessohn das Unrecht widerfährt, das Sterbliche tagtäglich erleiden müssen. Am Kreuz geschieht Schreckliches und Unmenschliches. Jesu Schicksal wird laut Jung aber erst vollständig, indem er körperlich-seelische Tortur und Einsamkeit erfährt. In der heutigen Zeit mag diese Sicht Jungs unbequem sein und für viele Menschen zynisch klingen.

Auch Marie-Louise von Franz (von Franz, 1984, S. 43) hat die Tragödie alternder Menschen gesehen, die aufgrund von schwerer Krankheit und körperlicher Schwäche in zunehmende Abhängigkeit, – gemäß ihrer Beschreibung – manchmal sogar unter die Tyrannei von Angehörigen oder Pflegepersonal geraten. Sie fragte sich – ohne eine solche Tyrannei entschuldigen zu wollen – ob in diesem Ausgeliefertsein nicht doch ein geheimer Sinn liegt, nämlich die Wandlung von Ichhaftigkeit zu Ichbewusstheit zu ermöglichen. Das würde bedeuten, nicht mehr den eigenen Willen, den »eigenen Kopf« um jeden Preis durchzusetzen, sondern sich der Entscheidung des Selbst zu unterstellen. Eine solche Hingabe erlaube, ein Sich-eingeengt-Fühlen in ein Gefühl des Gefasstseins in einem Größeren zu verwandeln und aus dem Gefängnis ein Ort der Geborgenheit im Selbst, in Gott, werden zu lassen. Da heute Autonomie und Kontrolle erwünscht, ja sogar gefordert werden, fällt eine solche Hingabe vielen Menschen schwer. Sie weckt häufig Angst.

# 4  Das Auge als Selbstsymbol

## Gesehenwerden

Wie ist das mit dem Gesehenwerden? Fast wie die Luft zum Atmen brauchen wir es, wahrgenommen, beachtet und gespiegelt zu werden. Doch Gesehenwerden birgt Risiken, die uns spätestens durch depressive Patienten bewusst werden: Sie fühlen sich den Blicken anderer stärker ausgesetzt als Gesunde. Mit wachsendem Selbstwertverlust wähnen sie sich durch Blicke beurteilt und verurteilt, beschämt und/oder schuldig (Hell, 2000, S. 56 f). Gesehenwerden ist also nicht immer eine positive Erfahrung. Sehenkönnen verleiht Macht, die wie jede Macht grundsätzlich missbraucht werden kann.

Das spürte eine Frau, Mitte 30, als sie in der Psychotherapie ihre Träume erzählen soll. Sie weigert sich. Der Psychotherapeut wundert sich über diesen Widerstand, bis er erfährt, dass die Patientin in ihrer Kindheit die Tür zu ihrem Kinderzimmer Tag und Nacht offen stehen lassen musste. Der Vater hatte darauf bestanden. Aufgrund dieser Erfahrung wisse die Patientin genau, wie sich die videoüberwachten Gefangenen in Guantanamo fühlen. Als Kind sei ihr nur die Zuflucht in imaginative Welten geblieben. Sie habe sich Phantasieräume geschaffen, in denen sie sich frei und unbeobachtet fühlte. Hier hatte der Vater keinen Zutritt. Erst als sie aufgrund eines Burn-out therapeutische Hilfe in Anspruch nimmt, wird ihr bewusst, wie sie sehr sie sich bis heute bedroht fühlt, wenn sie etwas aus ihrer Innenwelt preisgeben soll.

Und eine Patientin von Gustav Bovensiepen äußerte ihre Angst, dass er alles sehen könne, was in ihr sei, um es ihr dann wegzunehmen und zu zerstören (Bovensiepen, 2009, S. 143). Weil die Patientin den beobachtenden, spiegelnden Blick des Analytikers so destruktiv erlebte, versuchte sie sich vor seinem Eindringen abzuschirmen, unter anderem, indem sie sich ganz konkret in eine Decke hüllte. Psychologisch betrachtet wurde ein Elternkomplex projiziert, bei dem der mächtige Analytiker weitreichende seherische Fähigkeit besitzt und diese aggressiv missbrauchen kann. Solche Erfahrungen erinnern an ein uraltes, weltweit verbreitetes Selbst-Symbol, nämlich das allsehende Auge Gottes. So schreibt Jung:

>»Das Auge ist andererseits ein bekanntes Gottessymbol.« (Jung, GW Bd. 9/1, § 594)

und

>»Das Auge ist nämlich das Vorbild des Mandalas.« (Jung, GW Bd. 9/1, § 592)

Diesem göttlichen Auge bleibt nichts verborgen: Freuden, gute Taten, aber auch Vergehen oder Lieblosigkeiten der Menschen. Obwohl immer weniger Menschen an ein solches »allsehendes« Auge eines Gottes glauben, das vom Jenseits auf das Diesseits blickt, ist das Phänomen nicht einfach verschwunden. Es kann unter anderem unbewusst Schuld- und Versagensängste bzw. eine Schamproblematik beeinflussen, insbesondere wenn Menschen in schwierigen Situationen unbewusst auf überwunden geglaubte Vorstellungen regredieren oder, wie schon beschrieben, diese Fähigkeit auf Autoritäten projizieren.

Heute ist das allsehende Auge zudem in erheblichem Umfang von der göttlichen in die menschlich-technische Sphäre gewandert und nun in irdischen Institutionen wie der NSA oder in Firmen lokalisiert, die aus unseren Internetaktivitäten und -daten unsere Persönlichkeitsprofile errechnen. Damit ist quasi ein Teil vom ehemaligen Selbst in die konkrete Lebenswirklichkeit des Menschen gewandert. Verständlicherweise erzeugt das Unbehagen, weil niemand vermeiden kann, im Internet beobachtet zu werden. Auch ein verantwortungsvoller Umgang mit den sozialen Medien schützt nicht davor, dass die persönlichen Daten gesichtet, ausgewertet, verkauft und benutzt werden.

Was ist nun der Unterschied zwischen einem allsehenden Auge Gottes und den modernen technischen Überwachungsmöglichkeiten? Der Beobachtergott steht über allen Menschen gleich, während die institutionelle Überwachung eine Hierarchie innerhalb der Menschheit etabliert. Es gibt einerseits jene, die Zugang zu Daten haben und sie nutzen, andererseits die große Mehrheit der Menschen, die davon wissen, dass sie beobachtet werden, und das hinnehmen müssen, wenn sie sich im Internet oder auf öffentlichen Straßen bewegen.

## Sehen als Instrument von Macht und Autonomie

Über die Bedeutung eines allumfassenden Sehens erzählt das Grimm'sche Märchen *Das Meerhäschen*. Hier kann eine Königstochter im Dachgeschoss ihres Schlosses aus 12 Fenstern in sämtliche Winkel über und unter der Erde ihres Reiches blicken.[8] Nichts bleibt ihr verborgen; sie ist allwissend. Das ist eine feine Sache, da sie nämlich alleine regieren und sich niemandem unterwerfen will. Und wer alles sieht, hat gute Chancen, seine Macht zu erhalten. Interessanterweise macht die Königstochter den Männern ein Beziehungsangebot: Ehemann wird, wer sich versteckt und nicht gefunden wird. Die Beziehung wäre demnach nur möglich, wenn sich ein Mann ihrer Kontrolle entziehen kann. 97 Männer versuchen es vergeblich und werden enthauptet. Zur Mahnung für weitere Bewerber werden ihre Köpfe vor das Schloss gestellt. Tatsächlich meldet sich lange Zeit kein Mann mehr, was die Königstochter vergnügt und zur Überzeugung führt, dass sie ihr Lebtag lang frei bleiben würde.

Betrachten wir den bisher geschilderten Teil des Märchens psychologisch: Vergnügen findet die Herrscherin an Freiheit und Autonomie. Ungebundenheit empfindet sie weder als Einsamkeit noch Verlassenheit. Wenn wir die Königstochter als Repräsentantin des Zeitgeistes verstehen, wären wir mit dem Märchen in einer Zeit, die Macht, Autonomie und Unabhängigkeit als höchst erstrebenswert versteht – das passt ziemlich gut für unsere Epoche. Zugang zu Überwachungsdaten und umfassende Informationen sind wichtige Pfeiler eines Machterhalts.

---

8 Dass ihre Sicht tatsächlich allumfassend ist, deutet die Vollständigkeit der Zahl 12 an: 12 Monate bilden das Jahr, 12 Stunden einen Tag.

Falls das Märchen hier enden würde, bliebe die Königstochter allein, müsste und dürfte weder lieben, vertrauen oder hoffen. Das wäre eine unfruchtbare Situation ohne Entwicklungsperspektive, denn die Königstochter könnte keine Kinder gebären. Psychologisch betrachtet gäbe es keine neuen Möglichkeiten, keine Innovation, sondern lediglich Machterhalt durch vollständige Kontrolle.

Aber das Märchen endet nicht in der Stagnation, sondern geht weiter. Drei Brüder kommen an den königlichen Hof, um ihr Glück zu versuchen. Bereits der Blick durch das erste Fenster genügt der Königstochter, um den ältesten Bruder in einem Kalkloch und den mittleren Bruder im Schlosskeller zu entdecken. So stehen bald der 98. und 99. Pfahl vor dem Schloss mit zwei weiteren Köpfen. Trotz des Todes der beiden Brüder tritt auch der Jüngste vor die Königstochter und bittet im Wissen um die Schwierigkeit der Aufgabe um zweierlei: einen Tag Bedenkzeit und insgesamt drei Versuche. Die Königstochter solle ihn erst töten, falls er bei beim dritten Mal scheitern würde. Der jüngste Bruder ist schön und bittet so herzlich, dass die Königin die Wünsche bewilligt, allerdings ohne mit ihrer Meinung hinterm Berg zu halten:»Es wird dir nicht glücken.« Die Königin hat aufgrund ihrer bisherigen Erfahrung keinerlei Grund, an ihren Sehfähigkeiten zu zweifeln. Ihre Großzügigkeit scheint deshalb risikolos. Trotzdem ist es erstaunlich, dass sie nicht rigide ist, sondern dem Bewerber einen kleinen Spielraum gewährt.

Was tut nun der Jüngste? Am folgenden Tag denkt er lange, aber ergebnislos nach. Denken bringt in dieser Situation nicht weiter, deshalb beschließt er, auf die Jagd zu gehen. Bei der Jagd, die überwiegend von Männern ausgeübt wird, treffen zwei aufeinander: Jäger und Gejagter. Dem erfolgreichen Jäger steht sein Opfer gegenüber. Demnach könnte man die enthaupteten Männer als Jagdbeute der Königstochter bezeichnen, die sie aufgespürt und erlegt hat. Indem der Jüngste nun zur Jagd geht, macht er sich mit dem Handwerk dieser gefährlichen Frau und ihrer Persönlichkeit vertraut. Er will sie kennenlernen. Als der Jüngste auf seiner Jagd einen Raben erschießen will, bittet dieser um Verschonung mit der Zusage, dass er das vergelten werde. Der jüngste Bruder willigt ein und verschont kurze Zeit später noch einen Fisch und einen Fuchs. Er zeigt, dass er als fähiger Jäger die Beute aufspüren kann, aber nicht zwangsläufig töten muss. Er kann begnadigen, also am Leben lassen. Zu Letzterem war die Königstochter bisher nicht in der Lage. Ihre Überlegenheit kostete dem Gegner immer das Leben.

Wie verabredet muss sich der Jüngling nun vor der Königstochter verstecken und jagen lassen. Da er immer noch kein sicheres Versteck weiß, bittet er den Raben im Gegenzug für das geschenkte Leben um ein Versteck. Dieser packt den Jüngling in eines seiner Eier und setzt sich darauf. Als die Königstochter an die ersten zehn Fenster tritt und ihn nicht entdeckt, wird ihr Angst. Das ist plausibel, denn so weit hat es bisher keiner geschafft. Es ist ganz furchtbar, nicht über alles Bescheid zu wissen. Doch ihre Angst dauert nur kurz, denn der Blick durch das elfte Fenster ist erfolgreich. Die Königstochter lässt den Raben erschießen, das Ei zerbrechen und den Jüngling hervorholen. Zum ersten Mal kann sie, wie sie es zuvor versprochen hat, einen Mann begnadigen und sagt: »Einmal ist dir das Leben geschenkt, wenn du es nicht besser machst, so bist du verloren.« Am nächsten Tag verschluckt der Fisch als Lohn für das gewährte Leben den Jüngling und schwimmt mit ihm auf den Grund des Sees. Wieder ist die Königstochter bestürzt, als sie ihn selbst im elften Fenster nicht sieht und erleichtert, nachdem das zwölfte Fenster sein Versteck doch noch preisgibt. Der Fisch muss sterben, sie hält ihr Wort und erklärt dem Jüngling: »Zweimal ist dir's geschenkt, aber dein Haupt wird wohl auf den hundertsten Pfahl kommen.«

Schweren Herzens geht der Jüngste angesichts der allerletzten Chance aufs Feld zum Fuchs und fragt ihn nach einem sicheren Versteck. Der Fuchs, wissend, wie schwierig die Aufgabe ist, geht zu einer Quelle, taucht hinein und kommt als Marktkrämer und Tierhändler heraus. Auch der Jüngling muss ins Wasser tauchen und wird dabei in ein kleines Meerhäschen verwandelt. Der verwandelte Fuchs zieht in die Stadt und zeigt das Tierchen. Viele Bürger kommen, um es anzusehen, auch die Königstochter, die es schließlich für viel Geld kauft. Bevor der Fuchs das Meerhäschen der Königstochter überreicht, sagt er zu ihm: »Wenn sie ans Fenster geht, so krieche schnell unter ihren Zopf.« Nun kommt für die Königstochter die Zeit des Spähens. Doch sie sieht den jungen Mann nicht, auch nicht im zwölften Fenster. Da steigen eine so gewaltige Angst und Zorn in ihr auf, dass sie zuschlägt, das Glas aller Fenster zerspringt und das Schloss erzittert. Da fühlt sie das Meerhäschen unter ihrem Zopf, wirft es zu Boden und ruft: »Fort, mir aus den Augen!« Angesichts ihrer Ohnmacht will sie keine Lebewesen mehr sehen, sondern endlich wieder alleine sein. Alleine fühlte sie sich ja bisher immer am wohlsten. Wenn sie alles kontrollieren kann, erlebt sie sich stark. Sobald sie diese Macht verliert, wird ihre innere Zerbrechlichkeit und Instabilität sichtbar.

Danach läuft das Meerhäschen weg zum Fuchs, beide eilen zur Quelle und verwandeln sich beim Untertauchen in ihre ursprüngliche Gestalt. Der Jüngling dankt dem Fuchs und attestiert ihm große Weisheit. Nun – so das Märchen – fügt sich die Königstochter in ihr Schicksal und heiratet den Jüngling, der König wird. Niemals erzählt er, wo er sich beim dritten Mal versteckt hatte, weshalb sie wohl davon ausgeht, dass er das aus eigener Kraft und Kunst vollbracht hatte und somit mehr kann als sie selbst. Deshalb kann sie ihn achten, vielleicht auch ein bisschen fürchten. Als Frau, die auf sich alleine gestellt sehr erfolgreich war, hat sie nicht die Fantasie, dass Teamwork und Kooperation in vielen Fällen fruchtbar sind. Der Jüngling hat sich Rabe, Fisch und Fuchs anvertraut und über Lernstufen das schier Unmögliche geschafft.

Wie unterscheiden sich die Verstecke? Die ersten beiden Male findet der Jüngling bei Rabe und Fisch einen mütterlich-fürsorglichen Unterschlupf, weit weg von der Königstochter. Was dieses alte Märchen beschreibt, ist heute unangenehme Realität. Die technischen Überwachungsmethoden sind so vielfältig, dass es kaum noch unauffindbare Orte gibt. Das dritte Versteck ist fundamental anders: Der Jüngling verwandelt sich und wird in seiner neuen Gestalt für die Königstochter attraktiv. Sie interessiert sich für ein lebendiges Wesen, ja will es sogar bei sich haben, anstatt weiterhin alleine zu bleiben. Sie lässt das Meerhäschen nah an sich heran – unter den Zopf – einen Menschen hätte sie wohl nicht in ihre Nähe lassen können. Vergleichbar anderen Menschen mit großer Angst vor Nähe und Intimität wird ihr Herz durch ein Tier gerührt, dem sie ein Beziehungsangebot – das erste überhaupt – machen kann. Ihr Macht- und damit Kontrollkomplex ist aufgebrochen worden.

Als sie dann im Finale zu zweit durch die Fenster schauen, findet sie den Jüngling nicht. Ihre eigenen Räume und somit ihre emotionale Innenwelt, kennt sie nicht. Sie sieht und kontrolliert andere und weiß, was mit ihnen los ist, während sie über sich selbst und ihre Herzensangelegenheiten nicht bewusst ist. Sie hatte letztlich Recht mit ihrer Selbsteinschätzung: Nur wenn sie vollkommen frei, unabhängig und ganz auf sich gestellt geblieben wäre, hätte sie die Fähigkeit des Allsehens und der damit verbunden Macht behalten. Und sie muss ertragen, dass der König sein Geheimnis bewahrt. Aber weil sie das ertragen kann, ist sie beziehungsfähig geworden. Beziehungen brauchen ein Geheimnis. Beziehungen haben aber auch immer ein Geheimnis, weil wir weder uns selbst, noch das Gegenüber, noch die Beziehung selbst ganz kennen. Etwas ist immer unbewusst.

Wer denkt angesichts dieses Märchens nicht auch an den 1949 erschienen, von George Orwell verfassten Roman *1984*, der eine Überwachungswelt skizziert? Dieses Buch stieg nach Bekanntwerden des geheimen Überwachungsprogramms des US-Geheimdiensts NSA im Juni 2013 in der Liste der meistverkauften Bücher des Internet-Buchhändlers Amazon.com in den USA auf Rang 66 und in Großbritannien auf Platz 42. Ende Januar 2017 war dieses Buch in den USA sogar auf Rang 1. Doch es wäre falsch, das Überwachungsverhalten nur bei den Staatsapparaten oder Institutionen zu verorten. Viele Menschen nutzen Überwachung mittlerweile ganz selbstverständlich in ihrem privaten Lebensbereich. Durchleuchtung liegt im Trend, wird akzeptiert oder sogar gefordert. Psychologisch gesprochen ist Überwachung ein weitgehend ich-syntones Phänomen geworden.

## Von der Schwierigkeit zu vertrauen

Kerstin Kullmann thematisierte 2013 eine Auswirkung dieses Trends in ihrem Artikel *Kampfauftrag Kind* mit dem Untertitel »Aus Angst, der Nachwuchs könnte im Leben scheitern, überwachen Eltern ihre Kinder. Aus nächster Nähe kontrollieren sie, natürlich voller Liebe, Schullaufbahn, Studium und Karriere. Ob aus den behüteten Geschöpfen glückliche Erwachsene werden, ist fraglich.« (Kullmann, 2013)

Immer mehr Eltern scheinen große Angst um ihre Kinder zu haben. Die Auswirkungen dieses Misstrauens erlebt eine Studentin bei der Telefon-Hotline einer bekannten Universität. Ihre dortige Aufgabe ist es, den Anrufern Details zu Bewerbungsfristen, geplanten Fach- und Uniwechseln zu erklären. In letzter Zeit sei bei jedem zweiten Telefonat ein Elternteil an der Strippe. Meistens wüssten die Eltern über die Studiengänge bestens Bescheid. Ihre Fragen sind ganz anderer Natur: Sie wollen etwa wissen, ob die Bewerbungsfrist, die ihnen ihr Kind genannt hat, stimmt. Es sind Kontrollanrufe.

Vertrauen wächst mit Vertrautheit. Je enger wir zu einem Menschen stehen, je mehr gute Erfahrungen wir miteinander gemacht haben, um so besser können wir vertrauen. Vertrauen kann mit der gemeinsam verbrachten Zeit wachsen. Vertrauen besteht, solange wir nicht betrogen oder belogen werden, solange wir also nicht enttäuscht werden. Vor diesem Hintergrund vermag es verwundern, dass Eltern derart misstrauisch reagieren. Doch sie misstrauen ja nicht nur den Kindern, deren Schwächen sie kennen, sondern auch Lehrern, Institutionen, Gott, dem Schicksal und vielem anderen. Das Misstrauen scheint grundsätzlicher Art zu sein und fast alle Lebensbereiche zu erfassen. Doch wann ist Kontrolle notwendig und wann zerstörerisch? Vertrauen ist grundsätzlich riskant, weil wir etwas glauben anstatt zu wissen. Wer bewusst vertraut, verzichtet bewusst auf Wissen oder Kontrolle. Nichtwissen in Beziehungen – das zeigt das besprochene Märchen – lässt dem anderen ein Geheimnis. Wer Geheimnisse ertragen kann, verzichtet zumindest teilweise auf Macht über den anderen. Das aber ist eine Voraussetzung für Respekt und Liebe. Liebe geht nicht ohne Vertrauen. Mit schwindendem Vertrauen schwindet also auch unsere Liebesfähigkeit. Wer zu reflektiertem Vertrauen fähig ist – im Gegensatz zu blindem oder naivem Vertrauen – weiß, dass Menschen zumindest gelegentlich schwach, unzuverlässig oder »böse« sind, Fehler machen und das in sie gesetzte Vertrauen nicht durchgehend erfüllen können, ja vielleicht sogar gelegentlich missbrauchen. Das ist schmerzhaft.

Wer Vertrauen vermehren will, kommt deshalb nicht darum herum, Verwundbarkeit zuzulassen. Verwundbarkeit ist der Ausgangspunkt für Vertrauen. Das heißt, wir müssen ein Risiko eingehen. Und wer dieses Risiko scheut, muss kontrollieren. Vertrauen ist eine Kraft, ohne die viele von uns wohl kaum leben möchten. Warum? Wenn wir nicht mehr vertrauen, sondern vor allem kontrollieren, dann unterstellen wir – auch da, wo Vertrauen angemessen wäre – böse Absichten. In unseren Köpfen und Herzen wird quasi der Standard gesetzt, dass der andere inkompetent, faul, niederträchtig, untreu, unaufrichtig, kriminell, etc. handelt. Das Böse wird überall vermutet und gesucht. Der Generalverdacht wird zur Regel. Es verzerrt jedoch den Blick auf die Realität, wenn konsequent das potenziell Schlechte gesucht wird. Wenn es dann heißt, dass Ehrliche bei Kontrollen nichts zu befürchten haben, dann ist es trotzdem so, dass die Redlichkeit erst bewiesen werden muss. Ich vermute, dass durch diese Unterstellungshaltung das, was man ausmerzen will, letztlich zunimmt.

Um die Folgen einer totalen Kontrolle in menschlichen Beziehungen bewusster zu machen – und es geht an dieser Stelle nur um das –, lohnt der Blick auf Dave Eggers' Roman *Der Circle*, der im Jahr 2014 auf Deutsch erschienen ist. Dieser Roman gilt als das *1984* für das Internet-Zeitalter und beschreibt eine Internet-Gesellschaft mit umfassender Transparenz und Überwachung. Hauptfigur ist die 24-jährige Mae Holland, die überglücklich ihren Job bei dem weltweit dominierenden Internet-Unternehmen Circle antritt, einem kalifornischen Unternehmen, das von drei Gründern geleitet wird. Schnell wird klar, dass in der Welt des Circle Geheimnisse als Verbrechen gelten. Alles muss sichtbar sein, weshalb weltweit Orte und Personen mit einer Videokamera versehen werden. Mae wird schnell zur Vorzeigemitarbeiterin und wirbt begeistert für diese totale Transparenz. Nichts bleibt mehr verborgen, alle können alle Geschehnisse beobachten. Versprochen wird Gleichberechtigung, eine Welt ohne Morde, Korruption, Entführungen, Vergewaltigungen oder Machtmissbrauch. Das Böse hätte keine Chance mehr. Ein ehemaliger Theologiestudent bringt es auf den Punkt:

> »Jetzt werden alle Menschen die Augen Gottes haben. […] Jetzt sind wir alle Gott. Bald wird jeder Einzelne von uns in der Lage sein, jeden anderen zu sehen und ein Urteil über ihn zu fällen. Wir werden alles sehen, was Gott sieht.« (Eggers, 2014, S. 448)

Als einer der drei Erfinder des Circle Mae fragt, wer denn ständig beobachtet werden will, antwortet sie: »Ich. Ich will gesehen werden. Ich will den Beweis, dass ich existiert habe.« (Eggers, 2014, S. 550). Das ist heute längst keine abwegige Vorstellung mehr: Im Informationszeitalter bedeutet Unsichtbarkeit mehr oder weniger den Tod – so die These des Soziologen Zygmunt Baumann. Er ist der Ansicht, dass Menschen die mehr oder weniger unbewusste Sehnsucht haben, sich in eine beachtenswerte, begehrte Ware zu verwandeln; eine Ware, die man unmöglich übersehen, verlassen oder entlassen kann (Baumann, 2009, S. 22).

Viele Menschen, die durch starke Präsenz in den sozialen Medien weltweite Beachtung erreicht haben, bestätigen, dass sie die Aufmerksamkeit genießen, insbesondere wenn sie dadurch für die Werbung interessant und zu sogenannten Influencern werden. Umgekehrt gilt, dass man ohne Gesehenwerden quasi zu einem Nichts degradiert. Könnte dieses Phänomen erklären, warum heute so viele Menschen in Fernsehsendungen drängen und riskieren, beschämt zu werden? Scham, als Fähigkeit, die eigene Intimität zu schützen, muss unterdrückt werden, weil sie dem Gesehenwerden im Wege steht.

In ihrer Faszination für Transparenz verliert die Romanheldin Mae jeglichen Respekt vor dem menschlichen Bedürfnis nach privater Ungestörtheit und Intimität. Darüber empört wenden sich ihre Eltern von ihr ab. Ihrem früheren Partner Mercer will sie beweisen, dass sich niemand vor dem Circle verstecken kann, aber auch nicht verstecken darf, denn alles Private gilt als Diebstahl. Deshalb startet Mae eine Suchjagd, und als Mercer, der sich in einer abgelegenen Gegend in die Einsamkeit zurückgezogen hat, mit Grauen realisiert, dass er nicht entkommen kann, wählt er den Selbstmord. Wenn Dunkelheit ausgemerzt ist, wird das Leben zur Hölle.

Am Projekt Pastperfect, das alle Daten über die eigenen Vorfahren öffentlich macht, zerbricht Maes beste Freundin Annie. Die Wahrheit über die Gräueltaten ihrer Ahnen und die Reaktion ihrer Follower lassen Annie ins Koma fallen. In der Schlussszene des Romans steht Mae vor ihrem Bett und betrachtet den Überwachungsmonitor von Annies Gehirn. Die in regelmäßigen Abständen auftauchenden Farbexplosionen zeigen ihre Gehirnaktivitäten. Und Mae ärgert sich, da sie diese Bilder nicht entschlüsseln kann. Sie weiß nicht, was in Annies Kopf vor sich geht. Obwohl sie mit ihrer Hand Annies Stirn berührt, bleibt eine unüberwindbare Distanz. Aus der Verzweiflung über ihr Nichtwissen, über die Verborgenheit von Annies Gedanken, wird letztlich Wut. Mae beschließt dieses Gedankengeheimnis zu knacken. Mit diesem Ansinnen endet das Buch.

Aktuelle Ereignisse zeigen die Verlockungen eines Besser-Sehen-Könnens angesichts des verständlichen Wunsches nach einer besseren Welt: Kalifornien litt viele Jahre unter einer katastrophalen Dürre, und die

Wasserknappheit konfrontierte die Landwirte mit erheblichen Verlusten. Nicht wenigen drohte die Insolvenz. Da kamen im Mai 2015 die Satellitenbilder von Anwesen weltbekannter Stars gerade recht: Sattes Grün in den Gärten von Barbara Streisand, Kim Kardashian und anderen lösten einen Sturm der Entrüstung in den sozialen Medien aus. Tatsächlich ist der Wasserverbrauch in den Reichenvierteln von Beverly Hills dreimal höher als anderswo, und dieses Ungleichgewicht blieb dank der Kameras nicht mehr verborgen. Wenn die Öffentlichkeit von geheimen Verträgen, Absprachen oder Vorgängen etwa durch Wikileaks erfährt, kann das Mächtige beschädigen und Machtmissbrauch erschweren. Hinterzimmerpolitik ist in einer Zeit, in der alles mit dem Handy gefilmt wird, gefährlicher geworden.

Doch wie weit wollen wir aus Sicherheitsgründen mit der Überwachung gehen? Die Entführung und Ermordung der 17-jährigen Annelie aus Sachsen im August 2015 hat bei vielen Eltern diese Frage aufgeworfen. Was können wir tun, um so ein Verbrechen zu verhindern? Sollen wir den Kindern Chips implantieren, um sie jederzeit orten zu können? Wenn wir das tun, siegt unsere Angst auf Kosten der Freiheit, die jeder Jugendliche braucht, um selbständig zu werden.

*Der Tagesanzeiger*, eine Schweizer Zeitung, berichtete am 16. Mai 2015, dass die Regierung von Südkorea Eltern zur Online-Überwachung ihrer Kinder verpflichtet. Eltern müssen mit einer App, dem sogenannten Smart-Sheriff, auf das Smartphone ihrer Kinder zugreifen können und – so die Idee der Regierung – sie vor Pornografie und anderen bedenklichen Inhalten im Internet schützen. Sicherheit sowie der Kampf gegen das Böse sind rationale Argumente, um Zweifler doch noch zur Zustimmung für Überwachungsmöglichkeiten zu überzeugen. Fröhlicher kam da die Technologiefirma Three Square Market daher. Am 1. August 2017 lud sie ihre Angestellten zu einer »Chip Party« ein. 50 der 80 Angestellten erklärten sich freiwillig bereit, einen reiskorngroßen Chip unter der Haut implantieren zu lassen, um ihr Leben zu vereinfachen. Die Mitarbeiter können mit diesem Chip Türen öffnen, sich im PC einloggen, bezahlen u. v. m.

Beim Vergleich des Romans *Der Circle* mit dem Märchen *Das Meerhäschen* sehen wir gegenläufige Prozesse. Während die Königstochter im Märchen durch das Opfern ihres Allsehens beziehungsfähig wird, verliert die Romanheldin Mae nach und nach alle Beziehungen und steht am Schluss völlig alleine da. Mae wird umso einsamer, je mehr sie sehen und kontrollieren kann, und immer zorniger, wenn ihr irgendetwas entgeht. Fasziniert vom allsehenden Auge ist sie sich nicht bewusst, wie unmenschlich es ist, jegliche Intimität zu verbieten. Und dieser Terror droht, wenn das Ich etwas vermag, was einst den Göttern vorbehalten war. Bedenkenswert ist zudem: Wer alles sehen könnte, würde in unserer Welt auch mit schrecklichstem Unrecht, Grausamkeit und Tod konfrontiert.

Die Hauptfigur Will Salas im Film *In Time* fragt seine attraktive Geliebte Sylvia, wie die verantwortliche Elite derartiges Leid ertragen könne. Als Angehörige der Upperclass weiß Sylvia, wie leicht das geht: »Man sieht nicht hin, man schließt die Augen.« Mit anderen Worten, man schaut nur auf das Schöne.

## Vom Wesen der Schönheit

Jung erklärte 1927 (Jung, GW Bd. 8, § 707), dass menschliches Leben ohne Schönheit über alle Maßen stumpfsinnig wäre. In der Tat bereichert Schönheit unser Leben auf vielfältige Art und Weise. Beim Blick auf die Natur staunen wir, wenn sich vor unseren Augen ein regelrechtes Feuerwerk an Schönheit entfaltet. Denken wir an das prächtige Rad des Pfaus, einen Sonnenuntergang, einen Berggipfel, den Nachthimmel, an Schneekristalle am Fensterglas oder die Windungen einer Meeresschnecke. Letztere konnte der italienische Mathematiker Leonardo Fibonacci mit der nach ihm benannten Formel beschreiben. Die Fibonacci-Formel sowie der sogenannte »Goldene Schnitt«[9], aber auch die Geometrie eines Schneekristalls verdeutlichen, dass Schönheit mathematisch beschreibbar

---

9 Fibonacci beschrieb um das Jahr 1200 Wachstumsprozesse mit der Folge $F_n = F_{n-1} + F_{n-2}$ für $n > 2$ : 1,2,3,5,8,13,21, usw.
Die Formel für den Goldenen Schnitt lautet: $\frac{M}{m} = \frac{M+m}{M} = 1{,}618...$
Der Nabel teilt unseren Körper gemäß dem Goldenen Schnitt.

ist. Schönheit ist kein Chaos, sondern harmonische Ordnung und exakte Struktur. Sie folgt objektiven universellen Gesetzen. Wenn es dunkel wäre oder wir keine Augen hätten, würden wir an dieser Schönheit allerdings achtlos vorübergehen.[10] Es mag überraschen, dass Frauen und Männer mit einem durchschnittlichen Gesicht als besonders attraktiv wahrgenommen werden. Schon 1990 haben das die Psychologinnen Judith Langlois und Lori Roggman aus den USA nachgewiesen, indem sie sehr viele Fotos von Gesichtern digital miteinander mischten. Die dabei entstandenen symmetrischen und wohl proportionierten Durchschnittsgesichter gefielen den Testpersonen besonders gut. Durchschnittlich heißt in diesem Kontext: Die Ohren stehen nicht zu weit ab, die Augen sind groß, die Lippen voll, die Stirn ist hoch. Die Haut ist glatt und gleichmäßig gefärbt. Ein solches Durchschnittsgesicht ist allerdings derart exakt geformt und ungewöhnlich stark ausgewogen, weshalb es hohen Seltenheitswert besitzt (Hollersen, 2014).

Ein wichtiger Schönheitsfaktor darf nicht vergessen werden: Jugend. Durchschnittlich werden Frauen mit Anfang zwanzig von Männern aller Altersgruppen sexuell am stärksten begehrt. Kindliche Gesichtszüge sind gefragt, weshalb das Alter, wie wir alle wissen, ein großer Feind der körperlichen Schönheit ist. Trotz aller medizinischen Methoden können wir unsere physische Schönheit nicht wirklich festhalten. Sie ist ziemlich kurzlebig.

Wenn Martin Walser (Walser, 2016, S. 7+9) nun in seinem Roman *Ein sterbender Mann* formuliert: »Mehr als schön ist nichts. Also ist schön zu sein das Höchstebeste«, dann trifft er den Nerv der heutigen Zeit. Als eines der höchsten Güter hat Schönheit nämlich etwas Göttliches, psychologisch gesprochen: Anteil am Selbst. Hinweise dazu finden wir im kabbalistischen Lebensbaum, hinter dem die Idee steckt, dass sich die Fülle des einen Gottes in verschiedenen Facetten in die Welt verströmt. Und die sechste von zehn Emanationen Gottes – somit die sechste Qualität, mit der Gott in die Welt hineinströmt – die Sephiroth Tipheret, verkörpert nichts anderes als Schönheit verbunden mit Pracht,

---

10 Schönheit und können wir allerdings auch ohne Augen wahrnehmen, etwa in der Musik.

Glanz und Herrlichkeit. Die Idee, dass Schönheit als einer der höchsten Werte bei Gott ist oder von Gott stammt, kennen auch andere religiöse Überlieferungen. Der Bezug des vedischen Brahman zum Sonnenglanz ist eine Parallele zu Jahwes Lichtherrlichkeit. Und bei Mohammed heißt es: »Gott ist Schönheit und liebt die Schönheit.« (Heiler, 1979, S. 462)

An der göttlichen Schönheit können wir umso mehr teilhaben, je mehr wir uns diesbezüglich optimieren. Was kann sie bewirken? Stendhal (zit. nach Liessmann, 2009, S. 8) meinte, dass sie uns Glück verspricht, aber nicht unbedingt garantiert. Davon weiß auch die griechische Mythologie. Als Eris, die Göttin der Zwietracht, einst einen Apfel auf den Olymp geworfen hatte, entbrannte der Streit, wer die schönste Göttin sei. Zeus, klug wie er war, wollte diese Frage nicht entscheiden und schickte deshalb den Götterboten Hermes zum trojanischen Königssohn Paris. Dieser sollte die Wahl treffen und die Konsequenzen tragen. Alle drei rivalisierenden Göttinnen, Hera, Athene und Aphrodite, versuchten Paris zu bestechen. Hera, die Gattin des Zeus, bot Paris Macht als Gegengabe für ihre Wahl zur Schönsten. Athene versprach ihm Weisheit sowie Kriegskunst, falls er sie benennen würde, und Aphrodite wollte ihm Helena, die damals schönste Frau der Welt, geben. Und da griff Paris zu: Die größte Verlockung war es, die schönste Frau zu besitzen. Eris hatte also Erfolg, denn Paris' Entscheidung vergrößerte nicht nur die Rivalität unter den drei Göttinnen, sondern war auch Auslöser des Trojanischen Kriegs, dem vielleicht ersten großen Ost-West-Konflikt. Schönheit kann also unter gewissen Umständen etwas Destruktives im Gepäck haben, was Rainer M. Rilke in der ersten *Duineser Elegie* so ausdrückt: »Denn das Schöne ist nichts als des Schrecklichen Anfang.« (zit. nach Liessmann, 2009, S. 48)

Doch zunächst einmal bringt Schönheit viele Vorteile. Es ist erwiesen, dass attraktive Menschen an der Theke im Supermarkt, bei Prüfungen, vor Gericht und vielen anderen Situationen bevorzugt behandelt werden. Selbst beim Abschreiben in der Schule oder beim Schwarzfahren sollen schönere Menschen besser davonkommen, falls sie erwischt werden. Das könnte damit zusammenhängen, dass wir hinter der Schönheit unbewusst etwas vermuten. Bereits in der Antike repräsentierte Schönheit das Gute, Wahre sowie das Reine. Das Schöne galt als edel, gesund und stark. Und solche Projektionen auf Schönheit wirken bis heute. Im schönen Körper wird quasi eine edle Seele vermutet, so dass äußerliche und innerliche Schönheit häufig in eins gesetzt werden (Liessmann, 2009, S. 16, 93). Einen weiteren Effekt der Schönheit zeigt ein einfaches Experiment von Ernst Roidl (Huf, 2013, S. 127 f). Er untersuchte, wie lange Männer ihre Hand in kaltes Wasser halten können. Elf Männer bekamen die Anweisungen von einer Frau, die Makeup benutzte und sexy Kleidung trug. Elf weitere Männer wurden von derselben Frau in diesen Versuch eingewiesen. Diesmal schminkte sie sich nicht und erschien in einem Laborkittel. Die Ergebnisse sind kaum erstaunlich: Die Männer der ersten Gruppe hielten ihre Hand doppelt so lange in das kalte Wasser wie die Männer der zweiten Gruppe. In der Nähe einer schönen Frau strengen sich Männer mehr an und werden leistungsfähiger.

Schönheit ist also hochwirksam. Deshalb ist es nicht verwunderlich, dass äußerst attraktive Frauen besonders stark unter dem Älterwerden leiden, denn sie verlieren sehr viel. Solche Frauen werden ja nicht hässlich, sondern fallen einfach weniger auf, werden unscheinbarer und dadurch weniger beachtet als in jüngeren Jahren. Die Folgen hat Arno Grünberg beschrieben:

> »Das Schönste auf der Welt ist: begehrt werden. [...] Alles dreht sich darum, begehrt zu werden, und aller Schmerz beginnt, wo das Begehrtwerden endet.« (Grünberg, 2006, S. 57)

Es tut weh, weniger begehrenswert zu sein. Die Beziehungen zu anderen und zu sich selbst verändern sich dadurch. Weil Schönheit so wertvoll und wirksam ist, ist ihr Verlust schwer zu verkraften.

## Schönheit liegt im Auge des Betrachters und der jeweiligen (Sub-)Kultur

Menschliche Schönheit ist weit mehr als das natürliche, ebenmäßig geformte Gesicht bzw. der wohlgeformte Körper. Es gab nie einen ausschließlich natürlich schönen Körper, also nie eine Epoche ohne kulturbedingte Körpermodifikation im Dienst der Schönheit. Schönheit war und ist eingebettet in kulturelle und religiöse Vorstellungen.

Die üppigen Frauenkörper auf den Bildern Rubens im 17. Jahrhundert gelten heute als unästhetisch dick und die Lippenteller der Frauen in Äthiopien oder die Lilienfüße chinesischer Frauen sind in der heutigen westlichen Welt ohne jeglichen Schönheitswert. Für die Lilienfüße wurden den Mädchen bereits im Alter von etwa fünf Jahren die Füße eng bandagiert und in der Regel die Zehen gebrochen. Ziel war Schuhgröße 17 bis 23, also kleinkindliche Füße. Wahrscheinlich dienten diese Füße als Projektionsfläche, etwa in dem Sinne, dass die dazugehörige Frau niedlich, zart und schwach sei. Auf alle Fälle galten diese Frauen als moralisch höherwertig, weil sie die als schmutzig geltende Erde wenig berührten. Bäuerinnen konnten solche zierlichen Füße, die nur Trippelschritte erlaubten, nicht gebrauchen. Mit ihnen wäre die Arbeit auf dem Feld und im Haus nicht zu bewältigen gewesen. Lilienfüße konnten sich also nur Reiche leisten, die nicht arbeiten mussten. Dieses Phänomen gilt bis heute: Schönheit kann die Türen zu einer höheren Gesellschaftsschicht öffnen.

Lippenteller oder Lilienfüße verdeutlichen zudem, dass Grausamkeit, Verstümmelung bzw. Krankheit seit langer Zeit zur menschlichen Vorstellung von Schönheit gehören. Das gilt auch für die Magersucht. Was die Medizin als Krankheit definiert, gilt in der Gruppe der Magersüchtigen als Schönheitsideal. Und wenn sich ein Schönheitsideal ändert, kann das einen Heilungsprozess anstoßen – auf der kollektiven oder individuellen Ebene. So beschrieb die 17-jährige anorektische Laura, wie sie eine extrem dünne, magersüchtige Frau eines Tages zufällig ganz bewusst wahrnahm. Deren klapprige Beine, müde Augen und leerer Gesichtsausdruck beeindruckten sie tief. Laura konnte plötzlich einen solchen Körper nicht mehr als schön und beneidenswert empfinden und wollte so nicht mehr sein. Diese neugewonnene Sichtweise befähigte sie, die Magersucht und deren Idealisierung loszulassen. Heute ist sie gesund. Schönheit liegt also auch im Auge des Betrachters.

Die Verknüpfung von Krankheit und Schönheit zeigt sich auch auf den Laufstegen dieser Welt. Das Model Winnie Harlow leidet an Vitiligo und

Thando Hopa an Albinismus.[11] Beide Frauen wurden aufgrund einer seltenen Krankheit und Besonderheit für den westlichen Markt attraktiv. Das wiederum zeigt, dass Schönheit eine wohldosierte Dissonanz braucht. Was früher der Schönheitsfleck war, kann heute ein Krankheit sein, wenn sie, wie bei Winnie Harlow oder Thanda Hopa, Teil eines ansonsten perfekten Körper ist. Hier ist das gewisse Extra, das es braucht, um aufzufallen; hier sitzt die Einzigartigkeit und Unverwechselbarkeit, wodurch man aus der Masse hervorsticht. Und das bringt die Aufmerksamkeit, um die es letztlich geht.

Da Schönheit heute längst kein so knappes Gut mehr ist wie im Mittelalter, sondern deutlich mehr Menschen sich eine Verbesserung ihrer Schönheit leisten können, wird etwas Außergewöhnliches notwendig als Kontrast zur durchschnittlich herstellbaren Schönheit.

Von möglichen Folgen besonderer Schönheit handelt das mehr als 2 000 Jahre alte Märchen von *Amor und Psyche*. Psyche ist die jüngste von drei Töchtern eines Königspaares und außergewöhnlich schön. Auch ihre beiden älteren Schwestern sind sehr schön, aber lang nicht so schön wie Psyche, die von vielen Männern bewundert und sogar angebetet wird. Doch im Gegensatz zu ihren beiden Schwestern hält kein einziger Freier um Psyches Hand an. Wie kann das sein? Psyche selbst erlebt sich als Objekt, das Männer lediglich bestaunen und bewundern. Kein Mann wagt es, ihr nah zu kommen, keiner verliebt sich. An ihrer Einsamkeit leidet Psyche bitterlich, und sie beginnt sich selbst und ihren Körper zu hassen. Dieses Märchen beschreibt, dass Körperhass und Einsamkeit auch bei sehr schönen Menschen oder gerade bei sehr schönen Menschen vorkommen können – und zudem uralte Phänomene sind. Psyche empfindet ihre göttliche Schönheit fast als Fluch, denn diese scheint der Grund zu sein, dass sie zum Anschauungs- oder Vorzeigeobjekt wird. Ihre perfekte Schönheit scheint ein Hindernis für Beziehung und Liebe zu sein.

---

11 Als Kind wurde Willie Harlow wegen ihrer Vitiligo als Zebra und Kuh verspottet. Thando Hopa wies darauf hin, dass in Ostafrika bis heute an Albinismus erkrankte Menschen ausgestoßen oder bedroht werden. 2015 wurden in Tansania vier Männer verurteilt, die einen an Albinismus leidenden Mann getötet hatten, um dessen Körperteile, denen magische Wirkung nachgesagt wird, zu verkaufen (Lauer, 2015; Putsch, 2015).

Angesichts der Berichte über berühmte schöne Menschen in der Boulevardpresse ist evident, dass dieses Märchen eine zeitlose Realität beschreibt.

Auch die Biografie der Amerikanerin Cindy Jackson folgte diesem Märchen-Muster. Sie hasste ihren klobigen Körper seit frühester Jugend und ließ ihn deshalb mit 38 Schönheitsoperationen von Kopf bis Fuß umgestalten. Am Ende erreichte sie das gewünschte Aussehen der Barbiepuppe (www.cindyjackson.com). Im Laufe ihrer zwölf Jahre andauernden chirurgischen Umgestaltung wurde sie stetig schöner, aber auch zunehmend einsamer. Ihre Liebschaften zerbrachen immer schneller, bis ihr zuletzt ein platonischer Begleiter übrig blieb. Auch ihr Wunsch nach leiblichen Kindern war geschwunden, da eine Schwangerschaft das geschaffene Körperopus zerstören würde, was sie nicht riskieren wollte. Veränderung ist der Feind jeder perfekten Schönheit, denn jede Veränderung kann nur eine Veränderung hin zum Schlechten sein.

## Schönheit ist nicht mehr gottgegeben, sondern harte Arbeit

»Hässliche Frauen gibt es nicht, sondern nur Faule«, soll Helena Rubinstein gesagt haben. Diese Aussage trifft den Kern der heutigen Situation. Die Verantwortung für Schönheit liegt derzeit weniger beim biologischen Schicksal, sondern zunehmend beim Ich. Das Ich braucht Disziplin, Zeit, Geld und einen guten Chirurgen, um die eigene Schönheit zu verbessern. Dabei ist Schönheit nicht lediglich Arbeit, sondern für viele Menschen eine Pflicht, wenn sie auf dem heutigen Arbeits- oder Beziehungsmarkt bestehen wollen. Wir werden physisch beurteilt, und unsere soziale und ökonomische Position hängt zunehmend von unserem Aussehen ab. Bereits Ende der 1920er Jahre hat Siegfried Kracauer dieses Phänomen beobachtet. Wenn Menschen Schönheitssalons besuchen, war das seiner Meinung nach weniger dem Hang zum Luxus geschuldet, als vielmehr ein Ausdruck von Existenzsorgen. Die Angst, als Altware aus dem Gebrauch gezogen zu werden, begann sich auszubreiten (Baumann, 2009, S. 14). Dass wir ohne Körper-Shaping oder Enhancement den heutigen Konkurrenzkampf kaum noch gewinnen, gilt neuerdings wohl auch für Politiker. Diese Macht der Optik bestätigt der österreichische Jugendforscher Bernhard Heinzlmaier. Seinen Umfragen zufolge sind bei Jungwählern ästhetische Kategorien sehr wichtig geworden. Als Idealtyp eines Politikers gilt der »Slim-fit-Warrior« (dpa, 11.08.17).

Weil sich der »richtige«, also schöne Körper lohnt, gehen Frauen und Männer immer häufiger zum Schönheitschirurgen. Solche Schönheitsoperationen als dekadent zu verurteilen, erscheint der französischen Künstlerin Orlan unangemessen: »Mir kommt das wirklich seltsam vor, eine Frau zu verurteilen und es unerträglich zu finden, dass sie sich nicht selbst akzeptiert, wie sie ist. Das ist anachronistisch. Es gibt doch auch Leute, die künstliche Zähne haben, künstliche Hüft- oder Kniegelenke oder einen Herzschrittmacher. Das ist gesellschaftlich akzeptiert.« (Meister, 2013). Als Vertreterin der sogenannten Body-Art hat Orlan seit 1978 ihren Körper durch plastische Chirurgie verändert und das Recht auf die Gestaltungsfreiheit des eigenen Körpers eingefordert (www.orlan.eu). Dabei wollte sie auch Eingriffe jenseits der gängigen Schönheitsideologie vornehmen, beispielsweise zwei Silikon-Implantate an den Schläfen anbringen lassen. Männliche Chirurgen haben solche Operationswünsche übrigens abgelehnt mit dem Hinweis, dass kein Mann freiwillig mit ihr ins Bett gehe, wenn sie ihr Gesicht derart entstellen würde. Mit ihrer Arbeit wollte sie auf Schönheitsnormen aufmerksam machen, die uns einsperren, indem sie uns die Freiheit rauben, von der kollektiven Norm abzuweichen: Erst wenn dieser Normierungsdruck wahrgenommen wird, kann die einzelne Person entscheiden, ob sie diese Schönheitsvorstellungen akzeptieren oder sich ihnen entgegenstellen will. Darauf weist auch die britische Psychoanalytikerin Susie Orbach (Orbach, 2012) hin. Der schöne Körper und das Streben nach seiner Vervollkommnung sind zwar mittlerweile demokratisiert, allerdings setzt die Schönheitsidee nicht auf ästhetische Vielfalt sondern auf sehr enge Schönheitsnormen. Und das führt zu einem Schönheitsterror.

## Schönheit in der psychotherapeutischen Praxis

Gemäß Susie Orbach (Orbach, 2012, S. 15) wird Schönheit ein immer wichtigeres Thema in der Psychotherapie, weil die derzeitigen kulturellen Körpervorstellungen zur Destabilisierung unseres Körpers mit zunehmend mehr Körperunbehagen und Körperverunsicherung führen. Folgen sind eine permanente ängstliche Selbstbeobachtung und Selbstkontrolle. Den Körper zu kontrollieren und ihn nach dem kollektiven Ideal zu formen, wird vielen zur Obsession. Ein gesunder und schöner Körper scheint zur moralischen Verpflichtung für Millionen von Menschen geworden zu sein, und fast überall gilt: Dicksein ist verwerflich und Ausdruck von Schwäche, während Dünnsein als gut betrachtet wird. Wer das nicht schafft, also im Kampf gegen die Pfunde versagt, erlebt sich beschämt oder schuldig.

Doch Essen wird heute auch für Normalgewichtige zum Problem. Denn was darf überhaupt noch gegessen werden? Was ist nicht gefährlich und somit nicht tabu? Manche nennen es »sündigen«, wenn sie ein Stück Sahnetorte essen.

Speisetabus gehören seit Menschengedenken zu den Religionen. Heute befolgen in der westlichen Welt zwar immer weniger Menschen die Speisevorschriften der christlichen Kirche, beschränken sich aber freiwillig und werden Vegetarier, Veganer, Frutarier, Freeganer usw. – Ausdruck von Pluralität und Individualität.

Da Speisegebote nie verschwunden waren, sind sie wohl ein menschliches Urbedürfnis, eine archetypische Notwendigkeit, durch deren moralische Begründung sich der Mensch als religiöses Wesen erweist. Offensichtlich wird das spätestens, wenn moderne Speisegebote mit einem fanatischen Überlegenheitsgefühl einhergehen oder mit einer irrational erscheinenden Angst vor gewissen Nahrungsbestandteilen. Auch Begriffe wie »Orthorexie« als innerer Zwang, nur noch Gesundes zu essen, oder die freundlicher klingenden Begriffe wie »Clean Eating« oder »Detox-Nahrung« künden davon.

Nahrungsverzicht und Fasten gehören zur christlichen Tradition. Mit der allgemeinen Ausbreitung des Christentums begann der Siegeszug der Askese, die sich allgemein überall da findet, wo die Triebhaftigkeit stark ist, Natur und Natürlichkeit verängstigen und deshalb abgetötet werden müssen (Jung, GW Bd. 5, § 120). Bezähmungsversuche des Körpers, auch wenn sie heute in modernem Gewand daherkommen, sind also eine alte religiös fundierte Menschheitsmission.

## Übertragungs- und Gegenübertragungsaspekte der Schönheit

Was geschieht, wenn ein extrem gutaussehender Patient oder eine extrem gutaussehende Patientin in die psychotherapeutische Praxis kommt? Es ist unwahrscheinlich, dass es wirkungslos bleibt. Vielleicht meldet sich der eigene Körper, und man fühlt sich in ihm unwohler oder unsicherer als sonst. Vielleicht wählt man bewusster die Kleidung für die Sitzungen aus. Das Bedürfnis attraktiver zu wirken, Neid oder erotische Gefühle können auftauchen – und werden vielleicht abgewehrt. Umgekehrt wäre zu fragen, welchen Einfluss es auf die Behandlung hat, wenn der Therapeut oder die Therapeutin körperlich sehr attraktiv ist. Was machen Patienten etwa mit Ihrem Neid oder ihrer Bewunderung? Und wie gehen Therapeuten damit um? Die Konfrontation mit solchen Fragen kann das eigene Verhältnis zur Schönheit bewusster machen.

Therapeuten können sich bewusst machen, ob sie favorisieren, dass ihre Patienten eine Körper-Unzufriedenheit psychisch lösen, indem sie etwa ihren Körper so akzeptieren wie er ist. Hinter einem solchen Wunsch verbirgt sich gelegentlich ein unbewusster Neid auf die Möglichkeiten der plastischen Chirurgie.

Die Psychotherapie macht es sich zu einfach, alle, die Schönheitsoperationen nutzen oder sogar süchtig danach sind, als eitel oder pathologisch zu bezeichnen. Susie Orbach findet es nicht immer angemessen, die Wurzeln des Leidens in der Psyche zu suchen, denn der Körper ist nicht bloß ein Statist oder Diener der Psyche. Sie berichtet von einem Mann, der beide Beine in Trockeneis packte, damit sie absterben. Die dadurch notwendig gewordene Amputation brachte ihm eine zuvor nie gekannte

Zufriedenheit. Grund seiner Zufriedenheit war, dass sein beschädigter Körper seine emotionale Beschädigung spiegelte, innere und äußere Realität also deckungsgleich geworden waren (Orbach, 2012, S. 28). Dieser sicher extreme Fall zeigt, dass auch ein »defekter« oder chirurgisch veränderter Körper eine stabile Verankerung und ein gutes Körpergefühl ermöglichen kann. Letztlich konfrontiert uns auch dieses Beispiel mit dem urmenschlichen Bedürfnis, den natürlich gegebenen Körper zu modifizieren. Wenn das innerhalb des kollektiven Trends geschieht, werden selten Fragen aufgeworfen. Die Realisierung eines individuell einzigartigen Anliegens wird dagegen häufig als bizarr oder abartig empfunden. Dadurch wird erkennbar, wie sehr uns Konventionen beeinflussen.

# 5 Das dunkle Selbst

## Kann Christus ein Selbstsymbol sein?

»Zum Symbol des Selbst kann alles werden, wovon der Mensch eine umfassendere Ganzheit voraussetzt als von sich selber. Daher besitzt das Symbol des Selbst keineswegs immer jene Ganzheit, welche die psychologische Definition erfordert, auch die Gestalt Christi nicht, denn in dieser fehlt die Nachtseite der seelischen Natur, die Finsternis des Geistes und die Sünde. Ohne Integration des Bösen aber gibt es keine Ganzheit [...].« (Jung, GW Bd. 11, § 232)

Wer davon ausgeht, dass das Selbst nicht nur gut, positiv und strahlend hell sein kann, weil zur Vollständigkeit auch Dunkles gehört, muss nicht zwangsläufig den Teufel als eine und Christus als andere Hälfte des Selbst zusammenfügen. Schmerzliches, Destruktives, selbst Abgründiges gibt es nämlich durchaus bei Christus: Etwa den Kreuzweg, den ziemlich bestialischen Tod am Kreuz und seine absolute Verlassenheit (deus absconditus) im Sterben. Eine »inhumane« Situation, der den Vater im Himmel als »bösen« Vater entlarvt. Ob wir die Nachtseite des Selbst beim Teufel suchen, das Dunkle bei Christus oder Gott – die logischen Konsequenzen des Schatten im Selbst sind ziemlich brutal:

»So ist das Selbst auch das Ziel des Lebens, denn es ist der völligste Ausdruck der Schicksalskombination, die man Individuum nennt [...].« (Jung, GW Bd. 7, § 404)

und

»Insofern die Individuation eine heroische oder tragische, das heißt eine schwerste Aufgabe darstellt, bedeutet sie Leiden, eine Passion des Ich, nämlich des empirischen, gewöhnlichen, bisherigen Menschen, dem es zustößt, in einen größeren Umfang aufgenommen und seiner sich frei dünkenden Eigenwilligkeit beraubt zu werden. Er leidet sozusagen an der Vergewaltigung durch das Selbst.« (Jung, GW Bd. 11, § 233)

Wenn die Verwirklichung des Selbst die zentrale Individuationsaufgabe darstellt, dann wird zwangsläufig auch der dunkle Gott verwirklicht werden – manchmal gegen den Willen des Ich. Dann hat auch das Bestialische, Bösartige, Destruktive, Kriminelle wie auch das Leiden einen Platz in der Persönlichkeitsentwicklung. Diese Vorstellung ist nicht schön, aber unsere Wirklichkeit. Zudem, welcher Versuch, das ausschließlich Helle zu verwirklichen, ist noch nicht gescheitert? Bei ziemlich vielen Vorbildern wurden irgendwann Abgründe – gelebte Anteile am dunklen Selbst – gefunden, die manche ungläubig zurück lässt. Das dunkle Selbst blieb in solchen Fällen gelegentlich hinter einer charismatischen Ausstrahlung lange Zeit verborgen. Charisma kann den Schatten verschleiern und dazu verführen, allzu Positives auf einen Menschen zu projizieren.

Ein Ort, wo sich das dunkle Selbst zeigen kann, ist die Sexualität. Laut Peer Hultberg (Hultberg, 2009, S. 217 ff) könnten sadomasochistische Elemente in der Passion Christi darauf hinweisen, dass Sadomasochismus als Beziehung zwischen Ich und dunklem Selbst verstanden werden kann. Hultberg versteht Sadomasochismus als menschliche Sehnsucht nach einer Vereinigung mit dem dunklen chthonischen – als dem in der Materie wohnenden – Gott und interpretiert die sexuelle Ekstase im Sadomasochismus als höchst unbewusste moderne Gotteserfahrung. Dabei gibt es gewisse Parallelen zu uralten Initiationsriten, deren sadomasochistischen Elemente den Initiierten mit dunklen destruktiven Anteilen höherer Mächte konfrontierten.

Hultberg untermauert seine These mit der *Geschichte der O*, in der eine intellektuell und emotional hochdifferenzierte Frau nach einer ichtranszendieren Erfahrung sucht. In der Sexualität sucht sie Gott, der nur in der Erfahrung des Äußersten gefunden werden kann. Dazu lässt sich O. in ein abgelegenes Schloss entführen, um sich einer Gruppe Männer vollständig zu unterwerfen. Regelmäßig wird sie zu ihren Herren gebracht, um ihnen zu dienen. Zurück im normalen Leben ist O. beflügelt und voller Energie. Auch nach einer weiteren Erfahrung als Dienerin einer Frau erlebt O. ein intensives Gefühl aus Befreiung und Vitalität. O. begegnet in ihren ekstatischen Erfahrungen dem dunklen Gott in männlicher und weiblicher Form und hat das Gefühl, neu geboren zu sein.

Die ungebrochene Faszination des Sadomasochismus zeigt sich angesichts der Verkaufsrekorde von *Fifty Shades of Grey*, einer Romantrilogie der britischen Autorin E. L. James. Weltweit wurden mehr als 100 Millionen Exemplare verkauft, und der erste der drei Romane gilt als das am schnellsten verkaufte Taschenbuch aller Zeiten im Vereinigten Königreich.

Was alternativ geschehen kann, wenn man die Kontrolle über sich freiwillig anderen anbietet, sich also wie O. zur völligen Hingabe bereiterklärt, zeigte die Künstlerin Marina Abramovic 1974 mit ihrer Performance *Rhythm 0*. Sechs Stunden hat sie sich ihrem Publikum physisch ausgeliefert und die volle Verantwortung dafür übernommen (Vorkoeper, 2006). Auf einem Tisch hatte sie sorgfältig ausgewählte Gegenstände deponiert. Der Zuschauer durfte entscheiden, ihr weh zu tun oder Lust zu bereiten, während sie passiv blieb. Bekannt ist, dass die Situation nach drei Stunden außer Kontrolle zu geraten schien und die Polizei gerufen wurde, weil die Künstlerin bereits halbnackt und verwundet war. Marina Abramovic berichtete 2016, dass sie nach dieser Aktion 30 Jahre gebraucht habe, um anderen wieder die Erlaubnis zu geben, etwas an oder mit ihr zu tun.

Freiwillige Hingabe führt also nicht zwangsläufig wie bei der O. zu Ekstase, sondern kann zur schlimmen Traumatisierung werden. Und bei Missbrauchssituationen oder sexuellen Übergriffen, die nicht freiwillig, sondern unter Zwang geschehen, ist eine schwere Traumatisierung die Regel. Ein sexueller Übergriff kann als furchtbar erschütterndes zwar auch numinoses Erlebnis sein, aber von vernichtendem Charakter. So kann eine 30-jährige Patientin nicht über den Missbrauch durch ihren älteren Bruder erzählen, ohne in das Gefühl zu geraten, sich selbst zu verlieren. Ihr Ich-Komplex wird durch die Erinnerung massiv erschüttert und droht zu fragmentieren. Rational verstehen das viele nicht, auch nicht, warum die Opfer nicht frühzeitig ihr Schweigen brechen, um das eigene Leid zu beenden. Abgesehen davon, dass Täter das Schweigen häufig mit Drohungen erpressen, wird dem Ich im archetypischen Wirkfeld diese Freiheit meistens geraubt. Das Ich verliert, wie wir oben bei Jung gehört haben, bei der Begegnung mit dem Selbst viel, manchmal sogar jegliche Freiheit. Ein derart überwältigtes Ich kann nicht mehr »Nein« oder »Stop« sagen.

## 5 Das dunkle Selbst

In diesem Zusammenhang wird deutlich, dass der beschriebene kollektive Trend zur Abstraktion des Gottesbildes nicht ganz stimmen kann. Wenn Gott in der Sexualität gesucht wird, dann wird er im Sinnlichen und Stofflichen gesucht. Selbst Physiker vermuten etwas Göttliches in der Materie, wenn sie das sogenannte Higgsteilchen, vielleicht auch flapsig, als Gottesteilchen bezeichnen. Diese Verortung des Göttlichen in der Materie ist eine sehr alte Vorstellung, der sich auch Jung angeschlossen hatte. Seiner Meinung nach wurzelt das Selbst auf geheimnisvolle Art und Weise in der Dunkelheit der Materie (Jung, GW Bd. 9/1, § 291).

## Kannibalismus

Am 29. März 2001 (Knobbe & Schmalenberg, 2003) fuhr Bernd B. zu Armin M., den er im Internet unter der Kennung »antrophagus« kennengelernt hatte. Armin M. hatte nach dem Tod seiner Mutter in seinem Hof zwei Kellerräume bauen lassen, wovon einer als Schlachtraum ausgestattet und mit einer Videokamera versehen wurde. Unter laufender Kamera zog sich Bernd B. aus und ließ sich von Armin M. den Penis abschneiden. Nachdem die Wunde fachgerecht abgebunden war, verspeisten die beiden Männer gemeinsam das Geschlechtsteil. Anschließend filmte Armin M., wie er sein Opfer mit Stichen und Schnitten tötete und den Leichnam zerlegte. Das Fleisch verpackte er portionsweise in der Tiefkühltruhe, und einen Teil der Knochen vergrub er im Garten. Nach der Tötung von Bernd B. meldeten sich weitere Männer bei Armin M. mit dem Wunsch, von ihm geschlachtet oder gar bei lebendigem Leib verspeist zu werden. Und im Januar 2017 nahm die Staatsanwaltschaft Nürnberg Ermittlungen gegen einen 42-jährigen Mann auf, der in Internetforen Frauen gesucht hatte, um diese zu zerstückeln und zu verspeisen.

Wen solche Handlungen irritieren, der sei an das Johannesevangelium erinnert, wo es heißt:

> »Jesus sagte zu ihnen: Amen, Amen, das sage ich euch: Wenn ihr das Fleisch des Menschensohnes nicht eßt und sein Blut nicht trinkt, habt ihr das Leben nicht in

euch. Wer mein Fleisch ißt und mein Blut trinkt, hat das ewige Leben und ich werde ihn auferwecken am letzten Tag. Denn mein Fleisch ist wirklich eine Speise und mein Blut ist wirklich ein Trank. Wer mein Fleisch ißt und mein Blut trinkt, der bleibt in mir, und ich bleibe in ihm.« (Joh 6, 53–56)

Auch wer fordert, dass diese biblische Aussage symbolisch verstanden werden muss, erkennt das offensichtlich kannibalistische Bild. Zudem wird in der katholischen Messe eine Hostie im Glauben verspeist, dass Christus substanziell und nicht lediglich symbolisch darin enthalten ist.

Die Tötung von Bernd B. erinnert an die Visionen des Zosimos von Panopolis, einem Naturphilosophen und Alchemisten des 3. Jahrhunderts, dessen Werk im berühmten alchemistischen *Codex Marcianus* erhalten ist (Jung, GW Bd. 11, § 403 f). Einige Elemente der Visionen finden sich bei der Tötung von Bernd B.:

1. Die handelnden Figuren sind zwei Priester.
2. Der eine Priester schlachtet den anderen.
3. Das Opfer ist ein freiwilliges Selbstopfer.
4. Der Opfertod ist qualvoll.
5. Es findet eine Zerstückelung des Geopferten statt.
6. Der Priester isst sein eigenes Fleisch.

Die Analogie zwischen Zosimos' Vision und der kannibalistischen Handlung könnte bedeuten, dass unbewusst ein Gott wiederbelebt wird, der auf Opfer, Zerreißung, Wandlung und Wiedergeburt zielt. Der griechische Gott Dionysos und der ägyptische Gott Osiris wären hier zu nennen (Jung, GW Bd. 13, § 91 f). Kannibalismus wäre psychologisch betrachtet eine unbewusste Wiederkehr dieser verdrängten Götter.

Bernd B. und Armin M. haben eine archetypische Phantasie ausgelebt. Auf ihrer Suche nach Lebendigkeit haben sie höchstwahrscheinlich unbewusst ein Leben geopfert und sind dabei selbst Opfer, man könnte auch sagen Spielball archetypischer Kräfte geworden. Der moderne Mensch handelt eben nicht nur vernünftig und aufgeklärt. In diesem Sinn gilt Jungs Feststellung:

»Ich möchte aber in Kenntnis der primitiven Seele betonen, daß die ›heiligen Schauer‹ des Kulturmenschen von denen des Primitiven sich nicht wesentlich unterscheiden und daß der im Mysterium gegenwärtig und handelnde Gott für beide ein Geheimnis ist.« (Jung, GW Bd. 11, § 375)

Vielleicht sind Menschen, denen die Banalität und Sterilität des Lebens zuwider ist, besonders offen für derart Abgründiges. In einer Welt der stetigen Bemühung um Reinheit, Schönheit und Gutes, die das Schattenhafte auszumerzen sucht, scheint kompensatorisch eine Sehnsucht nach dunklen Riten zuzunehmen. Und angesichts der zunehmenden Entsinnlichung der Welt kann gerade dieses Sinnliche zum Faszinosum werden.

Die Idee, dass Schönes unerträglich sein und kompensatorisch Abgründiges anlocken kann, taucht in Arno Grünbergs Roman *Gnadenfrist* auf:

»Manchmal ist alles so schön, so furchtbar schön, so unerträglich schön, das Warnke sich vorstellt, wie er seine beiden Töchter ersäuft, wie zwei junge Kätzchen in einem Jutesack mit Steinen.« (Grünberg, 2006, S. 34)

und

»Warnke gräbt im Boden und denkt an seine Töchter, doch wieviel Mühe er sich auch gibt, etwas anderes zu denken, etwas Fröhliches und Unschuldiges, er kann sich immer nur vorstellen, wie er sie in einen großen Jutesack steckt, einen, wie er als Nikolaus-Zubehör irgendwo bei ihnen im Keller herumliegt, und wie er den Sack mit Steinen beschwert.« (Grünberg, 2006, S. 74)

Perversionen sind Erfahrungen, in denen das dunkle Numinosum das Ich in seinen Dienst zwingt. Wir sind selbst mit den abgründigsten Angeboten, die im Internet zu finden sind, nicht in einer »neuen Dimension« angelangt, wie es einmal auf der Titelseite einer Zeitschrift geschrieben stand. Nein, die Archetypen wirken wie eh und je, nur wird es nicht immer bemerkt. Sie wirken jenseits moralischer Kategorien, weshalb alle Facetten des Selbst, destruktive wie förderliche, faszinieren können.

Die Sehnsucht nach numinosen Schauern zeigt sich in milderer Form im sogenannten Katastrophen-Tourismus (Vidal-Folch, 2015): So bietet ein ehemaliges lettisches Gefängnis Touristen das »totale Gefängnis-Erlebnis« mit Übernachtung in einer Zelle inklusive Morddrohung, Geräuschen von Maschinengewehren und Schreien aus der Nachbarzelle. Zusätzlich buchbar ist ein Fluchtversuch, bei dem zahlreiche Hindernisse und Überwachungskameras überwunden werden müssen, um in Freiheit zu gelangen. Und auf Werbeplakaten für die Ruinen im südchinesischen

Sichuan, das 2008 von einem Erdbeben erschüttert wurde, heißt es: »Kommen und entdecken Sie die zerstörten Gebiete des tödlichsten Erdbebens der jüngsten Geschichte.« Diese Art Tourismus hat den Namen »Schwarzer Tourismus«, weil er Menschen ermöglicht, den Spuren des Grauens zu folgen, verursacht durch menschliche Barbarei oder Naturkatastrophen. Eine derartige Suche beschreibt auch das Grimm'sche Märchen *Von einem, der auszog, das Fürchten zu lernen*. Weil der junge Mann vom Grauen emotional nicht berührt wird, will er es lernen. Und das scheint bis heute relevant. So hatten im 17. und 18. Jahrhundert noch viele Menschen Angst im Gebirge oder auf Friedhöfen, insbesondere in der Nacht. Das waren unheimliche, gefährliche Orte, denen sich kaum jemand freiwillig aussetzte. Ab der Aufklärung im 18. Jahrhundert änderte sich das fundamental. Einer der ersten Zeugen ist Jean-Jaques Rousseau, der sich gerne am Rand einer Alpenschlucht aufhielt, die durch ein Geländer gesichert war. »Ich liebe diese Schwindelgefühle sehr, vorausgesetzt, dass ich in Sicherheit bin.« schrieb er (Giegerich, 1988, S. 35). Das Gruseln ist ein prickelndes, belebendes Erlebnis, soll aber gefahrlos möglich sein. Rousseaus Erlebnis ist somit Wegbereiter moderner Adventure-Angebote wie Bungee-Jumping oder River-Rafting, bei denen Sicherheit oberste Priorität hat.

## Das Nichts

Was geschieht, wenn die Gottes-Projektion völlig ins Leere fällt, Gott also tot, nicht existent oder »völlig abwesend« ist? Dann löst sich das geistige Jenseits auf. Die einst in Diesseits und Jenseits geteilte Welt verliert das Jenseits mit Paradies und Hölle bzw. Unterwelt. Zurück bleibt einzig und allein das Diesseits. Das ist laut Heidegger (Lesmeister, 2009, S. 60 f) nicht mit einer atheistischen Haltung zu verwechseln, sondern bedeutet, dass die übersinnliche Welt der Ideen, die geistige Welt – auch die platonische Trias des Wahren, Schönen und Guten – als Fundament des irdischen Lebens ausgedient und ihre tragende und krafteinflößende Wirkung verloren hat. Der Mensch hat nichts mehr, an das er sich halten kann und ist mit einer metaphysischen Bodenlosigkeit konfrontiert, was laut Lesmeister nicht zum Verschwinden der Werte führt, sondern dazu, dass alles Wert annimmt. Neue Projektionen führen zu Pluralismus, Gleichwertigkeit und Gleichgültigkeit.

Wer sich das Nichts vorzustellen versucht, wird scheitern. Denn jede Phantasie ist bereits ein Etwas. Heidegger hat in diesem Sinne betont, dass man sich mit Bildern oder Gedanken dem Nichts nicht nähern kann, sondern über Langeweile und vor allem über die Angst, da in der Angst das Sein entgleite (Lesmeister, 2009, S. 63). Der Verlust des Seins verlockt zu Abwehrmechanismen, wie auch das Buch der dänischen Autorin Janne Teller *Nichts* mit dem Untertitel *Was im Leben wichtig ist* zeigt. Dieser Roman löste in Dänemark einen Skandal aus und war zeitweise an dänischen Schulen verboten.

Zum Buchinhalt: In der Schule einer fiktiven dänischen Kleinstadt verkündet der Schüler Pierre Anthon, dass nichts von Bedeutung sei. Deshalb lohne es sich nicht, irgendetwas zu tun. Konsequenterweise verlässt er das Klassenzimmer und bricht die Schule ab. Agnes, Mitschülerin und Erzählerin der Geschichte, spürt eine große Angst in sich aufsteigen. Pierre Anthon setzt sich anschließend in einen großen alten Pflaumenbaum. Von dort herab verunsichert und provoziert er seine Mitschüler mit Äußerungen wie:

> »Alles ist egal, denn alles fängt nur an, um aufzuhören. [...] Das Ganze ist nichts weiter als ein Spiel, das nur darauf hinausläuft, so zu tun als ob – und eben genau dabei der Beste zu sein.« (Teller, 2014, S. 11)

Und alle Mitschüler merken, dass sie nicht in der Welt von Pierre Anthon leben wollen. Sie beschließen, Pierre Anthon vom Pflaumenbaum herunterzuholen. Sie diskutieren, ob Verprügeln, Beten oder eine Beschwerde beim Rektor hilfreich sein könnte. Schließlich bewerfen sie Pierre Anthon mit Steinen, und er erkennt messerscharf, dass seine Mitschüler ihn herunterholen wollen, weil sie sich vor dem Nichts fürchten. Er provoziert weiter:

> »Aber du wirst feststellen, dass du ein Clown in irgendeinem überflüssigen Zirkus bist, wo alle versuchen, sich gegenseitig vorzumachen, es sei lebensnotwendig, in einem Jahr auf diese Weise gekleidet zu sein und im nächsten Jahr auf eine

andere. Und du wirst feststellen, dass der Ruhm und die große Welt außerhalb von dir sind, dass aber innen nichts ist und dass es auch so bleiben wird, egal was du tust. […] Warum sich nicht sofort eingestehen, dass nichts etwas bedeutet und dann das Nichts, das ist, genießen?« (Teller, 2014, S. 23, 24)

Nach diesen Provokationen beschließen die Kinder, Pierre Anthon zu beweisen, dass es etwas Bedeutungsvolles gibt. Zu diesem Zweck tragen sie in einem stillgelegten Sägewerk heimlich einen »Berg der Bedeutung« zusammen: Jedes Kind muss etwas persönlich Wertvolles abgeben und darf anschließend bestimmen, wer als Nächstes, welches Opfer zu bringen hat. Zunächst müssen materiell ersetzbare Dinge wie die Angelrute, der schwarze Fußball, Ohrringe oder das Teleskop abgegeben werden. Dieser Prozess setzt rasch eine Spirale psychischer Gewalt in Gang: Je schmerzhafter das eigene Opfer empfunden wird, desto mehr wird beim Opfer des nächsten verlangt. Begründet wird die Forderung damit, dass ein besonders schmerzhaftes Opfer auch besonders bedeutend sei. So muss Gerda ihren geliebten Hamster auf den Berg setzen, der strenggläubige Muslim Hussein seinen Gebetsteppich, der fromme Kai das Kruzifix aus der Kirche, Elise den Sarg mit ihrem kürzlich verstorbenen jüngeren Bruder, Sofie ihre Jungfräulichkeit und Rosa das Leben einer herrenlosen Hündin. Rosa verlangt daraufhin Jan-Johans rechten Zeigefinger. Ihm kam beim »Opfern« von Sofies Unschuld wahrscheinlich eine besondere Rolle zu. Nachdem Jan-Johan der Finger abgeschnitten wurde, verrät er das Projekt. Polizei und Öffentlichkeit werden aufmerksam, was nach einer ersten Empörung der Eltern zu einem weltweiten Medienrummel um den Berg der Bedeutung führt. Ein amerikanisches Museum kauft den zum Kunstwerk über Bedeutung und Sinn des Lebens avancierten Berg für dreieinhalb Millionen Dollar. So werden die Kinder berühmt. Nun sind alle beeindruckt, außer Pierre Anthon. Den rasch abgeflauten Medienrummel sieht er als Beweis der Bedeutungslosigkeit an:

> »Bedeutung ist Bedeutung. Wenn ihr also wirklich die Bedeutung gefunden habt, hättet ihr sie noch immer. Und die Medien aus aller Welt wären noch immer hier, um herauszufinden, was ihr da gefunden habt. Aber sie sind nicht mehr hier. Was ihr also gefunden haben mögt, die Bedeutung war es nicht, denn die existiert gar nicht!« (Teller, 2014, S. 120)

Pierre Anthon bezeichnet den Berg, dessen Bestandteile seine Mitschüler so viel gekostet haben, als »Misthaufen« und provoziert die Gruppe mit der Frage, wieso sie Dinge, die ihnen angeblich so viel bedeuten, für Geld verkauft haben. Als die Schüler erkennen, dass ihre Opfer vergebens waren, beginnen sie, sich zu verprügeln, voller Wut darüber, was sie einander angetan haben. Endlich erreicht die Gruppe ihr ursprüngliches Ziel: Pierre Anthon steigt vom Baum herunter und kommt zu ihnen ins Sägewerk. Er betrachtet die einzelnen Dinge auf dem Berg der Bedeutung und will u. a. wissen, was es mit dem kleinen blutverschmierten Lappen auf sich hat. Sofie schreit ihn an, weil dieser Lappen das Opfer ihrer Unschuld beweist. Dieser Lappen ist für sie sehr bedeutend. Wütend packt Pierre Anthon Sofie und fragt:

> »Und deshalb habt ihr sie verkauft? [...] Falls dieser Misthaufen jemals etwas bedeutet hat, war damit an dem Tag Schluss, als ihr dafür eine Bezahlung angenommen habt.« (Teller, 2014, S. 132)

Nach und nach fragte Pierre Anthon jede Einzelne, jeden Einzelnen, was der Preis war für den geliebten Hamster, den Gebetsteppich als Ort der Glaubenspraxis, die Flagge als Symbol der Vaterlandsliebe usw. Zum Schluss fragt er Sofie: »Und was ist dir geblieben, wenn du dich verkauft hast? Wenn das wirklich etwas bedeutet hat, dann hättet ihr das nicht verkauft.« Alle bleiben still, einige weinen, einige senken ihre Köpfe. Alle erkennen: Pierre Anthon hat gewonnen. Als er ihnen beim Gehen den Rücken zuwendet, lassen die Klassenkameraden gemeinsam ihren Hass an ihm aus, prügeln ihn, bis er reglos und grausam zugerichtet neben dem Berg der Bedeutung liegenbleibt. In derselben Nacht brennt das Sägewerk mit dem »Berg der Bedeutung« nieder und Pierre Anthon stirbt. Er hatte ihnen den Berg der Bedeutung weggenommen, genau wie er ihnen die Bedeutung weggenommen hatte. Er war an allem schuld. Er war schuld, dass sie die Lust am Leben und an der Zukunft verloren hatten. Die Schüler meiden nach dieser Nacht untereinander jeden Kontakt. Die schwer traumatisierte Sofie wird in eine geschlossene Anstalt eingewiesen. So weit die Geschichte.

Pierre Anthon macht Schluss mit dem bisherigen Alltagsleben. Wie ein Schamane verlässt er die Gruppe und zieht sich auf einen Baum zurück, um sich geistigen Fragen zu widmen. Seine Idee, dass nichts etwas bedeutet, entwertet das Sein, das äußere Leben radikal. Übliche kollektive Ziele und Anschauungen stellt er infrage und konfrontiert seine Klasse mit der Absurdität unserer Lebensweise. Wie Lesmeister (2009) betont: Alles ist gleich gültig, und zwar hier in einem negativen Sinn. Sein ist sinnlos. Handeln ist sinnlos, Lernen ist sinnlos. Was Heidegger beschrieben hat, erlebt die Schulklasse. Vor diesem Nichts, angesichts des Verschwindens von Sinn bekommen die Erzählerin und die ganze Klasse Angst. Diese Furcht ist so gewaltig, so unerträglich, dass sie abgewehrt bzw. beseitigt werden muss. Diese Furcht hat wohl auch die Entscheidungsträger gepackt, die das Buch für einige Zeit verbieten und somit als Tabu erklären konnten.

Die Schüler müssen etwas unternehmen, weil sie in der Welt von Pierre Anthon nicht leben wollen. Wohl auch nicht leben können. Bedeutung und Sinn sind überlebensnotwendig. Die Klasse will deshalb Pierre Anthons geistige Weltsicht zerstören, und letztlich gelingt das erst, indem sie ihn töten. Nur so bringen sie ihn zum Schweigen. Der Roman zeigt, wie brisant, wie ernst die Frage nach dem Sein und seinem Sinn ist. Er macht schlüssig nachvollziehbar, wie brutal Menschen reagieren können, wenn ihnen ihre geistigen Wertvorstellungen genommen werden. Nährboden für Hass und Gewalt ist Sinnentleerung, die nicht ausgehalten werden kann.

Die Suche der Klassenkameraden nach Bedeutung führt unbewusst, zwangsläufig und ziemlich rasch zum dunklen Selbst: Die vergeblichen Versuche, ein Opfer zu vermeiden, die Verzweiflung über die Verluste, die Tötung des Hundes, das Abschneiden des Fingers, die blasphemischen Opfer, die Entjungferung und darüber psychotisch werdende Sofie zeugen davon. Sinnsuche führt schnurstracks an bzw. in den Abgrund. Der Roman beschreibt auch, wie subjektiv erlebte Bedeutung durch Veräußerung zu kollektiver Bedeutung werden kann. Subjektiv Wertvolles wird kollektiv wertvoll durch einen Geldwert. Das Kollektiv macht ein Bedeutungsangebot für Sinnsuchende. Das Bedeutende kann nun öffentlich ausgestellt, ästhetisiert, bestaunt, begafft, bewundert usw. werden – aus sicherer Distanz, vergleichbar dem Geländer, das Rousseau vor dem Absturz schützte.

Für das geopferte Fahrrad, den Fußball oder die Sandalen mag der Verkauf erträglich sein: Der einzelne Verkäufer hat sogar ein Schnäppchen gemacht und einen Mehrwert erzielt. Aber was heißt es, wenn der geliebte Hamster, der Gottesglauben, das Vaterland, die sexuelle Unschuld veräußert werden? Wie soll das seelisch verkraftet werden? Im Inneren bleiben Leere, Schmerz oder Verzweiflung zurück.

Der Roman verrät zwei weitere wesentliche Punkte: Kurz vor seinem Tod wird Pierre Anthon sehr wütend. Das beweist, dass ihm eben doch nicht alles egal ist. Für ihn ist es ganz schlimm, dass seine Kameraden den Berg der Bedeutung, ihr Wertvollstes und damit sich selbst verkauft haben. Diesen Vorgang prangert er an, das berührt ihn, weckt starke Gefühle. Pierre Anthon beweist durch seine Wut, dass er, wie wir alle, Werte kennt, und dass somit auch Sein, Sinn und Bedeutung existieren. Trotz des Nichts.

Dazu ein Gedanke von Friedrich Weinreb: Der Mensch ist Gottes Gegenüber, wobei das Gegenüber alles ist, was ein anderes Vorzeichen hat als das, was mein Dasein ausmacht. Wenn es auf dieser Welt hier das Konkrete ist, dann ist das Gegenüber das Nichtkonkrete bis zu dem, was wir als grenzenlose Leere oder Nichts empfinden. Auch das Nichts ist ein Gegenüber – als das ganz Andere. Zudem wird das hebräische Wort »Nichts« mit den gleichen Buchstaben geschrieben wie das Wort »Ich«. Auch im Deutschen ist das »Ich« im Wort »Nichts« enthalten, quasi eingebettet oder umschlungen (Weinreb, 2002, S. 11). Weinreb beschreibt das Nichts als Gegenüber des Seins. Und dieses Nichts kann Gott sein, und der Mensch kann zu diesem Nichts eine Beziehung wagen.

Pierre Anthon betont die Spannung zwischen dem Nichts im Innen und dem äußerlichen Ruhm und Erfolg. Aber er sitzt trotz des Nichts eben nicht völlig nihilistisch auf seinem Baum: Er plädiert dafür, das Nichts zu genießen. Er schaut in den Himmel und übt sich darin, nichts zu tun (Teller, 2014, S. 12). Sein kontemplatives Leben, sein Nachsinnen über die Absurdität des Lebens muss nicht zur abgrundtiefen Verzweiflung führen, sondern kann paradoxerweise auch Fülle sein. Das Nichts ist nicht ausschließlich Schrecken, sondern auch Genuss. Der Rest der Klasse bewertet diese Einstellung als teuflisch, was es aus Sicht des Kapitalismus auch ist.

# Das dunkle Selbst in der Therapie

Der dunkle Selbstpol wird laut Francoise O'Kane in der therapeutischen Arbeit überwiegend gemieden. Wenn nicht der kleinste Fortschritt möglich wird, wenn es keine Möglichkeit gibt, das Dunkle zu besiegen, sei es als Held, Trickster, durch Identifikation/Inflation oder anderes, dann bleibt für den, der nicht abwehrt, nur die Begegnung. Das Ich erträgt dann die Präsenz des dunklen Selbst, kann es ertragen – mittragen, Zeuge sein oder Wissende (O'Kane, 1993, S. 49 ff). O'Kane spricht vom Vertrautwerden mit dem dunklen Selbstpol und erinnert an ein Eskimoritual, das diese Erfahrung bewusst sucht. Dazu muss der Eskimo in die Einsamkeit gehen, sich aus dem Alltäglichen, Vertrauten, der Gemeinschaft und den damit verbundenen Sicherheiten lösen. In einem ersten Schritt kommt er in Kontakt mit der Natur, muss dabei auch Hunger und Kälte aushalten. Nach einigen entbehrungsreichen Wochen kommt der zweite Schritt mit dem Ziel, »das eigene Skelett zu sehen und jeden Knochen in ritueller Sprache zu benennen«. Der Eskimo reibt dazu zwei Steine monoton und geduldig aneinander, bis er sich seiner Kleider sowie seines Fleisches entblößt sieht. Nachdem er sein Skelett wahrnehmen kann, begegnet er einem inneren Licht und magischen Feuer. Das ist die unsterbliche Lebensseele – das Selbst. Dieses Ritual zeigt auch, was es heißt, zum ewigen Geist vorzudringen, der das Fleisch, das Stoffliche, hinter sich lässt. Das geht nur in der Nähe des Todes. Die Reduzierung auf die Knochen ist ein Bild für das Nichts im Diesseits.

O'Kane erachtet es als notwendig, Patienten nicht vor jedem Leid zu verschonen. Deshalb kann Analyse bildlich gesprochen auch die Hölle sein. Aber an dem Furchtbaren darf nicht mehr gelitten werden als notwendig. Eine Identifikation mit der Opferrolle verhindert nämlich die Erfahrung des inneren Lichtes. Was den Therapeuten anbelangt, geht es darum, nicht alles erklären oder kontrollieren zu wollen. Auch darum, nicht alle Schwierigkeiten oder Symptome zu überwinden, weil man nie ganz sicher sein kann, inwiefern eine Pathologie das ganze Persönlichkeitsgebäude zusammenhält.

Gelegentlich sprechen Psychoanalytiker von einem fehlenden Selbst (Lesmeister, 2009, S. 86 f), wenn das Gefühl vorherrscht, ein Niemand oder ein Nichts zu sein. Selbst erfolgreiche Menschen können davon überzeugt sein, keine Identität zu haben und als Subjekt nicht vorhanden zu sein. Insbesondere die innere Welt ist für diese Menschen häufig »wüst und leer« – was symbolisch auch dem negativen Pol des Mutterarchetyps entspricht. Das kennt ein junger Mann aus einer sehr wohlhabenden Familie mit abgeschlossenem Studium, attraktiver Lebensgefährtin und äußerlich abwechslungsreichem Leben. Trotzdem will er eine Therapie, weil ihn eine innere Langeweile und Leere stark verängstigt. Günstigstenfalls wird eine solche Leere oder so ein Nichts zu einer Durchgangsstation und nach dem bekannten »Stirb und Werde« zu einem dunklen schöpferischen Ort, einem Mutterschoß, aus dem heraus Neues geboren wird. Bilder für einen solchen, auch in der Psychotherapie beliebten, weil zuversichtlich stimmenden Ort, sind das Walfischinnere, die Nachtmeerfahrt oder die Unterwelt. Man steigt hinab und kommt erneuert, belebt wieder hinauf. Der Mortificatio folgt die Neugeburt. Die Unterweltsfahrt wird zum Jungbrunnen (Jung, GW Bd. 5, § 449).

Für die therapeutische Arbeit in diesem Todesbereich bei früh gestörten Patienten empfiehlt Margitta Giera-Krapp (Giera-Krapp, 1988, S. 26 ff), eine vorwiegend positiv-mütterliche Haltung zugunsten eines temperierten aggressiven Verhaltens zu opfern. Ihre Patienten erlebten es als heilsam, dass nicht alleine sie destruktiv sind, sondern auch ihr Gegenüber, woraufhin eine Begegnung auf Augenhöhe stattfinden kann. Eine betont mütterlich schützend-umsorgend-nährende Haltung unterdrückt häufig die notwendige Wandlung, also die mortificatio. Giera-Krapp beschreibt die Behandlung eines 23-jährigen Mannes mit einer schweren narzisstischen Störung, in der sie zunächst versuchte, dessen Aggressionen und feindselige Haltung geduldig zu ertragen. Bald wies sie die beständigen Abwertungen durch ironische Deutungen zurück, was ihr einerseits Erleichterung und andererseits Schuldgefühle einbrachte. Gleichzeitig verbesserten sich Übertragung und Gegenübertragung.

Wie riskant es ist, wenn der Therapeut das Ideal einer guten Mutter opfert, erläutert Giera-Krapp am Beispiel der Behandlung eines suizidalen Mannes. Entwertungs- und Erpressungsversuche des Patienten weckten in ihr Unmut und Zorn. Sie konnte und wollte nicht länger die ihn durchtragende Mutter sein und forderte ihn trotz seiner Selbstmorddrohungen auf, allein oder in Begleitung anderer seinen Weg fortzusetzen. Dabei erkannte sie das Risiko ihrer Aggression und war sich bewusst, dass sie den Patienten mit ihrer Haltung zur Verantwortung drängte. Die Folge war eine verbesserte therapeutische Beziehung, worauf die Therapie auf einer veränderten Basis fortgesetzt werden konnte. Offensichtlich mobilisieren Therapeuten, die den Patienten ihre Aggressionen oder Ärger zumuten, im besten Fall deren Ressourcen und erwachsene Ich-Anteile. Giera-Krapp machte die Erfahrung, dass insbesondere Borderline und narzisstisch gestörte Patienten sich häufig nach der idealen Mutter sehnen, diese gleichzeitig aber zerstören müssen. Wenn ein Therapeut ein derartiges Therapeuten-Ideal verinnerlicht hat, muss er es opfern, um nicht selbst zum Opfer, etwa von Manipulation, Entwertung oder Hilflosigkeit zu werden. Ein Ideal zu opfern, bedeutet, sein Selbstbild zu opfern. Ein solches Opfer beweist, dass man über sich selbst verfügt und Angst erträgt.

Wenn ein Opfer bewusst erfolgt, kann das zur Überwindung einer Stagnation beitragen. So spürte eine junge Lehrerin, dass sie für das kommende Schuljahr nicht ausreichend erholt war. Trotz ihrer Müdigkeit sollte sie die letzten Tage der Sommerferien für Unterrichtsvorbereitungen nutzen. Es ging ihr damit sehr schlecht. Im Schlaf knirschte sie mit den Zähnen. Dann kam folgender Traum: »Ich bin an einem Fluß. Ein kleiner Junge will mit bloßen Händen einen Fisch fangen. Rasch fängt er eine fette Kröte. Der Jung lacht fröhlich, und der alte Mann, der ihn begleitet, lacht vergnügt mit. Ich ärgere mich, dass es mit dem Fisch nicht geklappt hat, und die Kröte ist eklig.«

Die Träumerin war erstaunt über die Lebensfreude und Fröhlichkeit des Jungen und des alten Mannes. Das stand in starkem Kontrast zum verärgerten Traum-Ich. Der 6-jährige Bub lenkte den Blick auf ihre Vergangenheit: Bereits vor etwa sechs Jahren stand die Träumerin kurz vor einem Zusammenbruch. Sie habe damals radikal gehandelt, ihre Stelle aufgegeben und eine belastende Beziehung beendet. Zudem sei sie umgezogen. Danach habe sie sich psychisch und physisch schnell erholt. Der Blick auf diese Ressource erleichterte es ihr, zu akzeptieren, dass in unbewussten männlichen Persönlichkeitsanteilen die verlorene Lebensfreude, damit auch Energie und Lebendigkeit steckt. Allerdings gehörte dazu auch das Annehmen einer ekligen fetten Kröte, deren Bedeutung es zu entdecken galt.

In der Auseinandersetzung mit dem dunklen Selbst sollte nicht vergessen werden, dass es uns auch konfrontiert mit dem, was nicht verwandelt oder geheilt werden kann. Marie-Louise Franz warnt in diesem Zusammenhang davor, sich von einem Quäntchen Gutem zu Hoffnung verleiten zu lassen. Wenn etwa ein destruktiver Mensch ein weiches Fleckchen in seiner Seele hat, rechtfertigt dies kein sentimentales Mitleid, denn diese Stelle ist meistens nicht stark genug, um zu einer Quelle des Guten zu werden. Sie dient lediglich dazu, Menschen noch besser zu täuschen und zu manipulieren. Von Franz ist überzeugt, dass Hitler nicht so gefährlich geworden wäre, wenn er nicht gelegentlich in seinen Äußerungen recht gehabt hätte. Der Nationalsozialismus wäre wohl kaum so mächtig geworden, wenn nicht ein religiös-archetypischer Impuls bei manchen die Begeisterung zu großen Taten, Ergriffenheit und Opferbereitschaft ausgelöst hätte (von Franz, 1994, S. 114 f). Und dieses im Bösen enthaltene Gute macht das Böse so besonders gefährlich und sollte weder geschont noch gehegt werden. Derartig Böses kann nicht gewandelt, sondern muss konsequent gestoppt bzw. getötet werden. Das lernen wir von Märchen, beispielsweise von Gretel, die im Grimm'schen Märchen *Hänsel und Gretel* die böse Hexe ohne Mitleid tötet. Das zu tun, ist nicht immer einfach, widerspricht es doch dem Ideal vom Gut-Sein.

Darüber hinaus konfrontiert das dunkle Selbst mit dem Anwachsen von Destruktivität. Diesbezüglich erwähnt Hultberg, dass im 20. Jahrhundert die begabtesten schöpferischen Menschen durch Mitmenschen oder destruktive politische Systeme, die von Hultberg wiederum als Teil des dunklen Selbst verstanden werden, zum Schweigen gebracht wurden. Die Konsequenz lautet:

> »Das Selbst wendet sich gegen das Selbst. Indem das Selbst die einzige Möglichkeit vernichtet, die es hat, um sich zu manifestieren, löscht es gewissermaßen sich selbst aus. Wir scheinen es hier mit einem erschütternden und grundlegenden Paradox zu tun zu haben, das typisch für unsere Zeit ist: Der destruktive Aspekt des Selbst ist selbstdestruktiv geworden. [...] Das Selbst macht die Kräfte des Ich zunichte, aber auf diese Weise entkräftet es sich selbst.« (Hultberg, 2009, S. 224)

Hultberg beschreibt die Verflechtung von Ich- und Selbstentwicklung und das aufeinander Bezogensein, in dem Sinn, dass Ich und Selbst sich gegenseitig brauchen. Wer das Ich zerstört, das dunkle Selbstanteile bewusst machen kann, wird auch das Selbst zerstören.

## Das Böse verbannen? Vom Trend der Tabuisierung

Am 24. Februar 2017 beschrieb Kasey Edwards in *The Sydney Morning Herald* eine eiserne Familienregel, die sie mit der Geburt ihrer ersten Tochter eingeführt hat. Kein Mann, eingeschlossen männliche Verwandte und Freunde, darf jemals das Mädchen alleine babysitten. Später wurden außerschulische Aktivitäten wie Basketballcamps oder Ferienlager, wo Männer uneingeschränkten und unbeaufsichtigten Zugang zu Kindern haben, zum Tabu. Wenn ihre Tochter Schulfreundinnen besucht oder auf Partys geht, muss sichergestellt sein, dass immer eine Frau anwesend ist. Grund für diese Maßnahme ist der weitverbreitete sexuelle Missbrauch an Mädchen durch Männer, vor der sie ihre Tochter schützen will.

Zwar handeln nicht viele Eltern derart drastisch, sind heute aber allgemein mehr denn je bemüht, ihre Kinder von klein auf vor Negativem zu bewahren, damit sie keinen Schaden nehmen. Möglichst hell und fröhlich sollen die Kinder aufwachsen.

Das veranlasst einige Eltern dazu, ihren Kindern keine Märchen vorzulesen, weil sie zu viele Grausamkeiten thematisieren. Diese Einstellung setzt sich fort, wenn Studierende vor traumatisierenden Unterrichtsmaterialen gewarnt werden wollen. Wenn beispielsweise Ovids Metamorphosen auf dem Lehrplan stehen, sollen Professoren vor der Lektüre auf die darin beschriebenen Gewaltszenen hinweisen, und Studierenden ermöglichen, den Unterricht zu verlassen. Der Campus soll ein sicherer Ort sein. Auch wenn solche Forderungen teilweise rational gut begründet sind, hat die Vermeidung Nachteile: Wenn Menschen diesen Geschichten ausweichen, verpassen sie die Chance, ihre Kompetenz im Umgang mit Dunklem zu vergrößern, da diese Geschichten einen breiten Wissensschatz über den Umgang mit zerstörerischen Kräften enthalten. Märchen und Mythen fördern die Ich-Stärke.

Zudem bewirkt eine solche Abschirmung oder Beschützung nicht zwangsläufig eine helle, lichte Seelenwelt, denn das dunkle Selbst gehört zu jeder menschlichen Seele. So berichtet Regina Renn (Renn, 2012, S. 429 ff) von einer jungen Frau, die trotz sehr liebevoller, fürsorglicher Eltern an einer Angststörung litt und von sadistischen Träumen gequält war. Dazu traten eine grenzenlose innere Leere sowie das Gefühl, ein Niemand zu sein.

Eine solche Symptomatik ist m. E. nicht verwunderlich, wenn man an das Märchen *Dornröschen* denkt. Hier wird ein vom Schicksal begünstigtes Kind von einem liebevollen Vater beschützt. Er versucht, das Bedrohliche – im Märchen sind es die Spindeln – aus seinem Reich zu entfernen. Als junges Mädchen trifft Dornröschen eine alte Spinnerin, sticht sich an deren Spindel und fällt in den berühmten langen Schlaf. Die Behütungsstrategie des Vaters blieb also erfolglos.[12] Nun bewegt sich bei Dornröschen nichts mehr, somit sind auch alle Emotionen versiegt. Dornröschens Schlaf könnte man als Verlust der Lebendigkeit deuten, als schwere Depression, in der auch die Beziehungsfähigkeit ruht.

Es kann also durchaus fatal sein, dem Menschen das dunkle Selbst vorenthalten zu wollen, weil es zur Identitätsentwicklung notwendig ist. Auch, weil das dunkle Selbst existent bleibt, wenn man es verbannt oder meidet. Förderlich ist, darauf bezogen zu sein und sich bewusst damit auseinanderzusetzen. Marie-Louise von Franz ist überzeugt, dass sich dadurch eine menschenfreundliche Ich-Identität entwickeln kann und Egozentrik zurückgedrängt wird (von Franz, 1990, S. 11).

---

12 Ich erinnere an Jeremias Gotthelfs Erzählung *Die schwarze Spinne*, wo das Wegsperren die richtige Maßnahme war, was zeigt, dass es keine eindeutig richtige Antwort gibt.

# 6 Ich, Selbst und die Zeit

## Wem gehört die Zeit?

Die aus dem 17. Jahrhundert stammende Redewendung »Das Zeitliche segnen« galt früher wortwörtlich: Es war Brauch kurz vor dem eigenen Ableben, Gottes Segen für die Hinterbliebenen zu erbitten, da eine gute irdische Lebenszeit in den Händen Gottes lag gemäß dem biblischen Psalm: »Meine Zeit steht in deinen Händen.« (Ps 31.15).

Auch heute sorgen sich Verstorbene um die Zeit der Lebenden, allerdings vermehrt auf andere Weise: In Todesanzeigen lesen wir vom Wunsch des Verstorbenen, keine Blumen oder Kränze für das Grab zu kaufen, um stattdessen das eingesparte Geld für eine gemeinnützige Organisation zu spenden. Den Lebenden soll etwas Gutes getan werden. Was vordergründig als altruistisches Bedürfnis des Verstorbenen erscheint, weil er noch im Tod Gutes und Nützliches für das Diesseits ermöglichen will, hat vielleicht weitere Bedeutungsfacetten. Die Tradition des Blumenschmucks auf Särgen könnte entstanden sein, weil pflanzliches Leben auf das psychische Geheimnis von Tod und Auferstehung weist. Pflanzen beziehen ihr Leben direkt aus der anorganischen Materie und verweisen auf das Wunder, dass aus der toten Materie Leben entstehen kann. Nun besteht auch die Leiche des Menschen nur noch aus anorganischer Materie und das reiche Spenden von Blumen und Blumenkränzen bei der Beerdigung war für Marie-Louise von Franz (von Franz, 1984, S. 60 ff) unbewusster Ausdruck eines Auferstehungsglaubens. Der Verzicht auf Grabblumen könnte also auch Ausdruck des schwindenden Glaubens an die Unsterblichkeit der Seele sein.

Im Vergleich zum 17. Jahrhundert steht das irdische Leben heute deutlich weniger in Gottes Händen, wir brauchen ihn für ein qualitativ gutes Leben in vielen Bereichen nicht mehr. Selbst wenn durch Unwetter der größte Teil der Ernte in Deutschland zerstört würde, müssten die Menschen hier keine Hungersnot fürchten. Im Supermarkt gäbe es weiterhin Nahrung im Überfluss. Gebete zu Gott sind in einer solchen Situation nicht notwendig, dafür aber Geld, weil die Lebensmittel teurer werden. Und sobald wir krank werden, gehen wir zunächst zum Arzt und in die Apotheke – anstatt zu beten. Auch den Schutzengel für Kinder brauchen wir immer weniger, weil die Helmpflicht beim Fahrradfahren, Kindersitze, Impfungen u. v. a. Lebensgefahren erheblich verringern.

Der fortlaufende Überwindungsprozess natürlicher Abhängigkeiten schließt die Abhängigkeit von der natürlichen Zeit mit ein. Diese natürliche Zeit ist rhythmische Zeit, zu der regelmäßig wiederkehrende Phänomene wie Tag und Nacht, Jahreszeiten, Mondphasen oder auch der Menstruationszyklus gehören. Die periodische Zeit der Mutter Natur ist symbolisch betrachtet eine weiblich-sinnliche Zeit des Todes und der Geburt. Und wenn es eine weibliche Zeit gibt, was wäre dann die männliche Zeit? Wohl die linear getaktete, von natürlichen Rhythmen weitgehend unabhängige Zeit, perfektioniert in der Akkordzeit am Fließband, bei der die Zeit in gleich lange und gleich ablaufende Einheiten aufgeteilt wird, im Dienst der Effizienz und des Profits. Wenn heute auf die »Abschaffung« des Sonntags als periodisch wiederkehrendem Ruhetag gedrängt wird, der Menstruationszyklus oder Schlaf-Wach-Rhythmus durch Medikamente verschoben werden kann, andererseits Früchte unabhängig von Jahreszeiten verfügbar sind, dann haben sich die Menschen innerhalb der natürlichen Zeit zunehmend Freiräume erobert. Vielleicht können wir deshalb nicht von männlicher Zeit sprechen, sondern wäre es angemessener, von »männlich genutzter Zeit« zu sprechen, denn irgendwie kommen wir nie ganz aus der natürlichen Zeit heraus, solange wir auf der Erde leben.[13]

---

13 So hat sich unsere Zeitmessung zwar längst von den natürlichen ortsgebundenen Zeitgebern verabschiedet. Gebirgsgipfel der Alpenregion wie den Neuner-, Elfer-, Zwölfer- oder Einserkofel, den Rocher du Midi oder das Schweizer Mittaghorn benutzen wir nicht mehr als Sonnenuhr. Doch bis heute ist die Grundlage der Zeitmessung ein natürlicher rhythmischer Vorgang: die für uns nicht wahrnehmbaren Schwingungen im Cäsiumatom definieren die Länge der Sekunde. Näheres dazu: Geißler 2001, S. 35.

## Wem gehört die Zeit?

Eine Beachtung der natürlichen Zeitrhythmik ist nicht nur unzeitgemäß, quasi antiquiert, sondern auch ökonomisch problematisch. Wenn wir noch keine Elektrizität und somit kein Licht hätten, müssten wir – wie von Paracelsus im 16. Jahrhundert empfohlen – bei Sonnenuntergang zu Bett gehen und bei Sonnenaufgang aufstehen. Um produktiv zu sein, wären wir auf das natürliche Sonnenlicht angewiesen. Andererseits dürften wir in unseren Breitengraden im Winter länger schlafen als im Sommer. Da wir heute aber rund um die Uhr über Licht und Strom verfügen, können und müssen wir zu jeder Tages- und Nachtzeit arbeiten.

Unvorstellbar, nicht mehr wirklich nachvollziehbar ist, dass, wer im Mittelalter nachts arbeitete, mit dem Tod im Bunde gestanden haben soll. Die Nacht, abgeleitet aus dem Wort »noceo« für Schatten, galt damals als Zeit der Geister, der ruhelos Toten und der Versuchung durch feindliche, ja teuflische Mächte. Man schloss die Stadttore. Zeit für den Menschen wurde es immer erst, wenn die Sonne aufging. Mit dem Licht begann das Leben, analog den Schöpfungsmythen, die meistens mit der Vertreibung der Finsternis beginnen. In jener Zeit sowie im Mittelalter gehörte die Zeit Gott. Deshalb war es Sünde, mit ihr zu handeln, wie ein mittelalterliches Buch für Beichtväter erklärt:

>»Der Wucherer leiht dem Schuldner nicht, was ihm gehört, sondern nur die Zeit, die Gott gehört. [...] Wucherer sind Diebe, denn sie handeln mit der Zeit, die ihnen nicht gehört. [...] Da sie außerdem mit nichts anderem als mit erwartetem Geld, das bedeutet mit Zeit handeln, treiben sie mit Tagen und Nächten Handel. Der Tag aber ist die Zeit der Helligkeit und die Nacht die Zeit der friedvollen Ruhe. Selbst wenn ein Wucherer schläft, gehen seine Geschäfte munter fort, und er zieht aus ihnen seinen Gewinn.« (Geißler, 2001, S. 30, 36)

Doch die Zeit gehört im Christentum längst nicht mehr Gott, sondern ist durch die Aufhebung des Zinsverbotes durch Papst Johannes dem XXII. – einem strikten Gegner des Armutsideals der Franziskaner – im 14. Jahrhundert zum Handelsgut geworden. Dieser Papst hat den Grundstein dafür gelegt, dass unser Geld pausenlos Zinsen erwirtschaftet, ohne dass wir Reuegefühle hegen müssten. Was einst schlimme Sünde war, ist heute Motor der Welt: Für mindestens die zehnfache Summe der realen Wirtschaftsleistung wird heute gezockt. Der Archetyp des Spielers beherrscht die Welt. Ununterbrochen werden unvorstellbare Summen als Geldströme virtuell um die Welt gejagt, und Sekundenbruchteile können über riesige

Gewinne oder Verluste entscheiden. Winzige, sinnlich nicht wahrnehmbare Zeitvorsprünge werden hier relevant, was übrigens auch für manche Sportarten gilt.

Dass die Zeit nicht mehr Gott gehört, hat nicht nur finanzielle, sondern auch ethische Konsequenzen. Nicht nur in Form von Sterbehilfe mit freier Wahl des Todeszeitpunkts, sondern auch im Umgang mit der Desynchronisation der Kulturen. Global existieren bedeutende Zeitungleichgewichte. Schätzungsweise 100 Jahre Lohngefälle zwischen Fabrikarbeitern aus Bangladesch und Schweiz oder Deutschland[14] lassen dort gefertigte Produkte für uns erschwinglich werden und stabilisieren unseren derzeitigen Wohlstand. Und die Desynchronisation in der Förderung der Rohstoffe lässt Mutter Erde verarmen, da wir Öl oder Gas viel schneller entnehmen, als es neu entstehen kann.

## Zeitqualität und Zeitbedürfnisse

Zu welchen erheblichen Konflikten im Alltag die unterschiedliche Art der Zeitnutzung führen kann, wird an den unterschiedlichen Zeitbedürfnissen von Kindern und Erwachsenen deutlich. Barbara Sichtermann (Geißler, 1997, S. 120) spricht von einer anarchischen Zeitwahrnehmung kleiner Kinder und meint damit deren spontanen und gefühlsbezogenen Umgang mit der Zeit. Im Grunde fordert uns ein Kleinkind auf, sich Zeit zu nehmen und zu bummeln. Doch Erwachsene haben keine Zeit, können sich dem anarchischen Zeitbedürfnis der Kinder nicht hingeben, sondern zwingen sie zunehmend früher, sich den linearen Zeitstrukturen der Erwachsenwelt anzupassen. In den USA soll 2006 ein Ratgeber zum Bestseller geworden sein, der Eltern erklärt, wie ein Kind bereits mit vier bis sechs Monaten windelfrei, also »trocken« werden kann. Und mit

---

14 Textilarbeiter in Bangladesh verdienen heute weniger als 30 Euro, 1950 verdiente ein deutscher Arbeitnehmer ca. 120 Euro pro Monat.

immer früher zu beginnenden Frühförderprogrammen soll verhindert werden, dass das eigene Kind zurückbleibt. Zeit wird somit von Anfang an eingeteilt, zugeteilt und im Dienst der Arbeitswelt diszipliniert genutzt. Das führt zu täglichen Kämpfen mit den Kindern, die diese letztlich nicht gewinnen können. Angesichts der Diskussion um Krippenplätze und der Vereinbarkeit von Beruf und Familie wird dieses Zeitbedürfnis der Kinder regelmäßig unterschlagen – und zugunsten der ökonomischen Strukturen geopfert. Doch nicht nur die Kinder kommen zu kurz, sondern auch unsere Liebesfähigkeit, denn Beziehungen brauchen Zeit. Die Wirtschaft profitiert selbst davon, weil es ihr zunehmend gelingt, die Emotionen der Menschen, die aus Zeitmangel nicht mehr in Beziehungen fließen, alternativ auf käufliche Konsumgüter zu lenken (Baumann, 2009, S. 71 f).

Doch es wäre viel zu einfach, auf unser modernes Zeitmanagement zu schimpfen, denn dessen Erfindung reicht mindestens 1 500 Jahre zurück. Bereits Benedikt von Nursia (510–540) hat darauf hingewiesen, dass aus der irdischen Zeit etwas gemacht werden kann. Durch Arbeit wird sie wertvoll und hilft, der postmortalen Erlösung näher zu kommen. Damit das gelingt, wurden Zeitpläne notwendig, mit denen Essen, Fasten, Arbeit, Gebete und Schlafen organisiert wurden. Solche Zeitpläne sind möglich, seit Menschen zukunftsorientiert leben. Die Fähigkeit zugunsten einer Zukunftsbelohnung aufzuschieben und zu warten, ist eine ausschließlich menschliche Fähigkeit. Lediglich Krähen und Raben kann man trainieren, ihre Lust auf Futter bis zu maximal fünf Minuten zu zügeln, wenn sie anschließend mit höherwertigem Futter belohnt werden (Wittmann, 2014, S. 11).

Wenn wir die natürliche Zeit überwinden wollen, braucht es jedoch nicht zwangsläufig Disziplin oder Kampf, sondern manchmal lediglich viel Geld, Können und List. So müssen wohlhabende Menschen nicht mehr 30 oder 50 Jahre warten, die sie vielleicht sowieso nicht mehr zu leben haben, bis auf ihrem Grundstück ein prächtiger Park gedeiht. Sie können sich sofort alte Bäume[15] kaufen und damit auch Zeit. Zeit, die es bis heute braucht für Reifung. Das Sprichwort »Einen alten Baum verpflanzt man nicht« ist heutzutage überholt, wohl auf der konkreten

---

15 Eine 50 Jahre alte Eiche kostet ca 30 000 Euro.

und symbolischen Ebene. Allerdings gilt es zu beachten, dass ein alter Baum nur verpflanzt werden kann, wenn ihn eine Baumschule alle drei bis fünf Jahre verpflanzt und die Krone so schneidet, dass Blattmasse und Wurzelballen in ein optimales Gleichgewicht gelangen.

Käuflich ist mittlerweile auch die körperliche Zeit. In unserer begüterten westlichen Welt können Frauen die sogenannte tickende biologische Uhr, also die natürliche Zeitspanne der Empfängnisfähigkeit, durch das Einfrieren von Eizellen (social freezing) aushebeln.[16] Das wiederum ermöglicht neue Formen von Geschenken. Es gibt zwischenzeitlich Eltern, die Kosten für das Einfrieren von Eizellen übernehmen. Sie schenken ihrer Tochter damit die Möglichkeit zu einer späten Mutterschaft und sich selbst die Chance, irgendwann noch Großeltern zu werden.

Wenn Zeit heute gekauft werden kann, dann ist Zeit ein handelbares Objekt: Wir können über sie verfügen, sie vergeuden oder nutzen, sie gewinnen oder einsparen. Doch Zeit ist nicht nur Objekt. Sobald wir sagen, dass Zeit fließt, verstreicht oder rennt, nehmen wir sie als Subjekt, als etwas Eigenständiges wahr. Und wenn die Zeit heilt, ist sie nicht nur Subjekt, sondern hat zudem eine Wirkkraft. Ob Objekt oder Subjekt: Wir können Zeit weder sehen noch hören. Zeit ist unsichtbar und still, jedoch ständig vorhanden.

Die erwähnten Beispiele zeigen, dass Zeit, was immer sie ist, in der westlichen Welt als eine Polarität erscheint. Das zeigt sich wiederum im Tod: Die von Platon beschriebene, im Christentum und anderen Religionen aufgegriffene Idee einer unsterblichen Seele beruht auf einem dualistischen Menschenbild, das zwei polare Zeitqualitäten impliziert. Während der sterbliche Leib des Menschen zeitlich befristet existiert, wird die unsterbliche Seele im Tod befreit und lebt in der Ewigkeit weiter. Der Tod markiert die Schwelle oder Zäsur zwischen endlicher und ewiger Zeit, zwischen irdischem Leben und postmortalen Leben im Jenseits. Wenn nun der Glaube an ein Weiterleben der Seele schwindet – was der erwähnte Verzicht auf Grabblumen andeuten könnte sowie Umfragen oder die

---

16 Bisher gewährte die Natur nur Männern eine Fruchtbarkeit bis ins hohe Alter. Die Technik sorgt nun diesbezüglich für Gleichberechtigung zwischen Mann und Frau.

neurobiologische These, dass Geist und Seele ein Produkt der Nervenzellen sind – dann hat das enorme Auswirkungen auf unser Zeitverständnis und unseren Umgang mit der irdischen Zeit. Zur jenseitigen Ewigkeit gehört ein Ort, den Menschen von jeher mit Projektionen füllten. So ist die Ewigkeit im Christentum beispielsweise ein Ort, an dem Gott im Diesseits erlittene Ungerechtigkeiten ausgleichen wird. Die Vorstellung des Jüngsten Gerichts ist für gläubige Täter und Opfer hochrelevant. Als Täter weiß ich, dass ich der Strafe und Sühne nicht entgehen kann, falls es mir nicht gelingt, meine potenzielle Bösartigkeit, mein Schattenpotential zu zügeln. Und als Opfer darf ich vertrauen, dass meine irdischen Leiden nicht nur gesehen, sondern postmortal ausgeglichen werden. Beide Zeiten sind also verschränkt, zwischen ihnen gibt es Transferleistungen bzw. Ausgleichszahlungen. Ohne Jüngstes Gericht muss ich keine Angst vor postmortaler Bestrafung haben und könnte im Diesseits hemmungslos oder rücksichtslos drauflosleben. Andererseits drohen früher ins Jenseits verschobene Rechnungen zu »verfallen«. Unrecht, korrupte Machtstrukturen oder himmelschreiende Missstände können nicht mehr an eine höhere Macht delegiert und nach dem Tod geahndet werden. Durch den Verlust des Jenseits ist nur noch auf Erden eine Rechenschaft möglich.

Wenn Jenseits und Ewigkeit keine Glaubensoption mehr sind, dann müssen alle damit zusammenhängenden Projektionen zurückgenommen und die daraus entstehenden Emotionen und Folgen irgendwie bewältigt werden. Beispielsweise wäre dann auch der Glaube obsolet, dass im Paradies Belohnungen zu erwarten sind, sei es für ein fleißiges, gottgefälliges Leben, wie es Benedikt von Nursia erhoffte, oder für ein Selbstmordattentat.

Die Rücknahme solcher Projektionen wirft die Frage nach dem Sinn des Lebens ganz neu auf. Wie können wir den Verlust der Ewigkeit, also dem Weiterleben der Seele nach dem Tod, ertragen? Solange wir uns den Konsequenzen des schwindenden Jenseitsglaubens emotional oder spirituell nicht gewachsen fühlen, solange wir keine Antwort finden, werden viele geneigt bleiben, den Tod zu verdrängen. Doch das Bedürfnis nach Ewigkeit und ewigen Werten ist längst nicht verloren gegangen. Einige neigen kompensatorisch dazu, Ewigkeit im irdischen Leben zu finden. Die Uhrenindustrie spielt mit dieser Sehnsucht, wenn sie einer Uhr den Namen *Eterna* gibt. Aber Ewigkeit lässt sich letztlich wohl auf materielle Art und Weise nicht greifen.

# Beschleunigung

Die Sehnsucht nach Ewigkeit ist für den Soziologen Hartmut Rosa zudem einer der Motoren unserer Beschleunigungsbemühungen, eine Ursache unserer im Vergleich zum Mittelalter extrem beschleunigten Lebensweise (Rosa, 2005, S. 39). Wenn uns nämlich kein jenseitiges Leben mehr winkt, dann werden wir erheblich eingeschränkt. Erfahrungen können nur noch im sehr kurzen Diesseits gemacht werden. Da sich unsere Lebenszeit gemessen an der Weltzeit bisher nur unwesentlich verlängert hat und im Gegensatz zum Geld immer noch einer substanziellen Vermehrung widersetzt, bleibt als Ausweg ein immer schnelleres Leben. Nur wer Gas gibt, kann vor dem Tod möglichst viele Optionen unterbringen. Wer doppelt so schnell lebt, also die Hälfte der üblichen Zeit pro Aktion einspart, kann die Summe seiner Erlebnisse oder Tätigkeiten verdoppeln. Entsprechend der physikalischen Definition: Leistung ist Arbeit pro Zeit, heißt das: Je schneller wir leben, desto mehr Erlebnisse können wir uns leisten.

Als Woody Allen einmal gefragt wurde, wie er zum Tod steht, soll er gesagt haben: »Ich bin dagegen.« Wer massiv leidet, etwa an einer schweren Erkrankung, wird dieser Aussage gelegentlich widersprechen und den Tod als Erlösung erwarten. Wer jedoch ein gutes, selbstbestimmtes und erfülltes Leben hat, will es nicht beenden, insbesondere, wenn danach nichts mehr zu erwarten ist. Insofern könnte die Beschleunigung unseres Lebenstempos tatsächlich eine Antwort auf das Problem unserer Endlichkeit sein. Die Endlichkeit des Lebens ohne Jenseits könnte den Hunger, ja vielleicht sogar die Gier nach Leben angestachelt haben. Während es in den sogenannten Entwicklungsländern noch »echte« Hungersnöte, also Nahrungshungersnot, gibt, leiden wir in der westlichen Welt an »Zeithungersnot«. Hartmut Rosa erklärt, warum die Beschleunigungsmöglichkeiten unser Problem mit der Endlichkeit nicht lösen können, sondern uns frustriert, erschöpft, vielleicht sogar verzweifelt zurücklassen. Dieselben Techniken, die uns nämlich dabei helfen, Zeit zu sparen, führen zu einer Explosion der Weltoptionen. Obwohl wir immer schneller werden – im Bereich der Datenübertragung haben wir Lichtgeschwindigkeit und somit Höchstgeschwindigkeit erreicht –, wird das Verhältnis von verpassten zu realisierten Optionen immer größer. Anders gesagt: Unser prozentual lebbarer Anteil am Kuchen der uns verfügbaren Weltmöglichkeiten schrumpft.

## Das ungelebte Leben

Manche reagieren auf die verpassten Möglichkeiten nahezu panisch und stellen sich vermehrt die Frage:»Soll es das gewesen sein?« Für Thomas Fuchs (Fuchs, 2008, S. 221 ff) meldet sich hier das sogenannte ungelebte Leben. In seiner psychiatrischen Praxis konnte er feststellen, dass unerledigte, nicht realisierte Lebensmöglichkeiten dazu neigen, gegenwärtig und virulent zu bleiben. Sie werden eher erinnert und häufig weit mehr bedauert als Realisiertes. Das könnte damit zu tun haben, dass wir auf das Ungelebte sehr viel Positives projizieren können. Wir neigen diesbezüglich zu idealistischen, also äußerst unkritischen Projektionen. Ungelebtes kann zur Quelle von Insuffizienz- und Schuldgefühlen werden, aber auch zu förderlicher Sehnsucht, die uns zur Zukunftsgestaltung drängt.

Ungelebtes Leben muss nicht nur auf Schicksalsumständen oder verpassten Chancen beruhen, sondern kann auch durch innere Vorbehalte entstehen, die dazu verleiten, nichts endgültig zu wollen. Handlungen bleiben unverbindlich, damit zugunsten anderer Möglichkeiten schnell weitergezogen werden kann. Jaspers spricht hier von neurotischer Vorläufigkeit.

Die alchemistische Symbolik versteht gelebtes Leben als Prozess der »Coagulatio«, als ein Konkretwerden durch das Element Erde (Edinger, 1990, S. 109). Bei der Coagulatio wird etwas fest und erhält dabei Form, Gestalt und Begrenzung. Wer sich nach mehr gelebtem Leben sehnt, braucht den Prozess der Coagulatio als Realisierung des Schaffens.

In einer Psychotherapie wird die Coagulatio durch ein aktives, aufgeschlossenes, teilnehmendes Verhalten von Seiten des Psychotherapeuten gefördert. Sowohl der Therapeut als auch der Patient fördern die Coagulatio, wenn sie für die persönlichen Fantasien und Ideen Verantwortung übernehmen, indem sie diese äußern oder mit kreativen Medien gestalten. Zahlreiche Menschen, die an Anhedonie leiden, brauchen die Coagulatio, während dieser Prozess für Menschen, die zu stark von Begehrlichkeiten angetrieben werden oder die zu materialistisch eingestellt sind, seltener hilfreich ist.

## Psychische Erkrankungen als Folge der modernen Zeitnutzung

Jung ist der Auffassung, dass psychische Syndrome kollektive Probleme einer Epoche aufgreifen, kompensieren und symbolisieren. Diese These wirft die Frage auf, ob die Zunahme der Depressionserkrankungen eine Folge nicht erfüllbarer Beschleunigungszumutungen sein könnte. Es fällt nicht schwer, zu erkennen, dass in einer Depression oder im Burn-out jeglicher Beschleunigungswunsch scheitert. In beiden Erkrankungen wird das Ego, der Ich-Komplex, radikal ausgebremst, und die Geschwindigkeit der Lebensvollzüge tendiert fast gegen Null. Sowohl in der Depression als auch im Burn-out verlieren wir uns in der Zeit; Marc Wittmann spricht davon, dass in solchen Situationen das Ich verloren geht (Wittmann, 2014, S. 132). Beide Krankheiten zwingen nicht nur zum Ausstieg aus dem gesellschaftlich üblichen Lebenstempo, sondern sie erinnern uns an eine weitere Polarität im Zeiterleben. Zeit ist äußerlich objektiv messbar: Eine Stunde ist überall auf der Welt und für jedes Lebewesen gleich lang. Doch das innere Erleben des identisch langen Zeitabschnitts, also die Zeitqualität, ist subjektiv sehr unterschiedlich: Wenn wir etwas sehr Gutes Erleben, dabei freudig und glücklich sind, verstreicht die Zeit vollkommen anders, als wenn wir etwas Furchtbares erleben. Minuten des Schreckens oder der Angst erleben wir häufig als eine nicht enden wollende Zeitspanne, als kleine Ewigkeit.

Die objektive Zeitmessung und unsere subjektive Wahrnehmung einer Ereignisdauer weichen immer dann deutlich voneinander ab, wenn wir eine enorme Ereignisdichte oder im Gegenteil Leere bzw. Langeweile erleben. Etwa bei Schrecksekunden in lebensgefährlichen Situationen dehnt sich unsere subjektive Zeitwahrnehmung. Die Zeit scheint subjektiv sehr langsam zu vergehen, es kann der Eindruck von Zeitlupe bis hin zu einem Stillstand von Zeit entstehen. Dagegen erscheinen Tage mit bereichernden Begegnungen dem Ich-Bewusstsein viel kürzer als Routinearbeitstage ohne emotional berührende Erlebnisse.

Ich-Bewusstsein und Bewusstsein der Zeit sind somit nicht zu trennen. »Ohne Zeit kein Ich« und »Ich bin die Zeit«, sagt Marc Wittmann (Wittmann, 2014, S. 133). Selten machen wir uns bewusst, dass dem Ich kein Sinnesorgan für die Wahrnehmung von Zeit zur Verfügung steht. Es sind emotionale Erfahrungen, die dem Ich das Fließen der Zeit subjektiv erschließen. Damit ist das Zeiterleben aber untrennbar mit Körpererfahrungen verknüpft, was psychologische und neurobiologische Studien der letzten zehn Jahre belegen. 1905 berichtete der französische Psychiater Gabriel Revault d'Allonnes (Wittmann, 2015, S. 83) von einer 53-jährigen Patientin, die weder Hunger noch Sattsein spürte. Sie aß, weil sie wusste, wie viel der Mensch essen muss. Sie erlebte weder Müdigkeit noch das Gefühl, ausgeschlafen zu sein. Eiskaltes oder heißes Wasser konnte sie nicht wahrnehmen, aber auch Gefühle wie Trauer und Freude waren ihr fremd geworden. Mit Beginn ihrer Störung verlor die Patientin ihr subjektives Zeitgefühl vollständig, konnte ohne Uhr überhaupt nicht mehr beurteilen, ob einige Sekunden oder Stunden vergangen waren.

Neurophysiologisch laufen Zeiterfahrungsprozesse über einen eingesenkten Teil der Großhirnrinde, der sogenannten vorderen Insularegion. Marc Wittmanns Forschungen mit der funktionellen Magnetresonanztomographie an der Universität San Diego in Kalifornien zeigten, dass Zeitverlauf und Zeitdauer als Zunahme von Körpersignalen in der Inselrinde kodiert werden. Körperliche Empfindungen wie Temperatur, Schmerz, Berührung sowie Informationen aus den inneren Organen laufen über die Insula, wecken Emotionen und bewirken das Zeitgefühl. Durch neurobiologische Erforschung der Epilepsie, insbesondere der ekstatischen Auren, wie sie auch Fjodor Dostojewskij erlebt hat, konnte gezeigt werden, dass ein lustvolles Präsenzgefühl des Ich mit einer gesteigerten Aktivität im insulären Kortex einhergeht. Meditationserfahrene, die durch langjährige Praxis dieses Präsenzgefühl und dabei Zeitdehnung vermehrt erleben, vergrößern das Volumen ihrer Insula (Wittmann, 2015, S. 94, 99, 100).

## 6 Ich, Selbst und die Zeit

Zum Zeiterleben des Ich-Komplexes gehört auch das so genannte subjektive Zeitparadoxon. Es besagt, dass sich erlebte und erinnerte Zeit gleichsam umgekehrt proportional zueinander verhalten. Stimulierende, anregende Tage sind in der Regel kurzweilig, erscheinen im Rückblick allerdings lang. Langweilige, frustrierende Stunden verlaufen zäh und langsam, sind in der Erinnerung aber kurz. In der Erinnerung schrumpft die Zeit, nach dem Motto: Wo ist denn der ganze Sonntag geblieben? Wie konnte er so schnell verfliegen, obwohl ich nichts Wesentliches getan und erlebt habe? Es bleibt der Eindruck, als sei der Tag auf magische Weise vergangen, wie nichts. Das typische Zeitparadoxon zwischen Erfahrung und Erinnerung, ergibt ein Kurz/lang-Verhältnis und umgekehrt.

In unserer Beschleunigungsgesellschaft kommt es jedoch laut Hartmut Rosa zunehmend zu Kurz/kurz-Mustern. Wir sammeln viele Erlebnisse, aber wenig beindruckende Erfahrungen: Doch genau diese sind relevant, prägen und berühren uns emotional – nur sie werden wir nicht vergessen, sie hinterlassen Spuren. Da braucht es dann kaum Souvenirs oder Fotos (Rosa, 2013a, S. 136 ff). Bereits 1954 hat der Psychiater Victor von Gebsattel darauf aufmerksam gemacht, dass in tiefen Depressionen die normale Zeitstruktur des Erlebens gestört ist. Transkulturelle Studien (Hell, 2000, S. 41) zeigen bei allen Völkern einen ähnlichen Kernbereich im depressiven Erleben. Diese übereinstimmende Kernsymptomatik entspricht einem Gefühl der Hemmung und dem Eindruck der Verlangsamung. Depressive betonen mit zunehmender Erkrankungstiefe »wie langsam die Zeit verstreicht«. Manche empfinden die Zeit wie angehalten: »Ich habe kein Zeitgefühl mehr, meine innere Uhr scheint stillzustehen, während die Uhren der anderen weiterlaufen. In allem was ich tue, komme ich nicht voran. Ich bin wie gelähmt, kann nicht vorwärts schreiten.« Kierkegaard beschreibt in seinen Tagebüchern das Gefühl, nicht von der Stelle zu kommen, als Phänomen der »angehaltenen Zeit«. Die Zeit gerinnt zu etwas Gewesenem, zu etwas Verwesendem. Dadurch holt einen das Vergangene ein. Nach Zeitschätzungsstudien erleben schwer depressive Patienten einen vor ihnen liegenden Zeitabschnitt kürzer als Gesunde. Sie glauben also, weniger Zeit in der Zukunft zu haben. Zugleich scheint ihnen im Rückblick bereits mehr Zeit abgelaufen zu sein als real, so dass die Vergangenheit übermächtig wird (Hell, 2000, S. 52 f).

Auch Menschen, die an ADS oder Störungen der Impulskontrolle leiden, zeigen Auffälligkeiten in der Wahrnehmung von Zeit. Zeitabschnitte im Sekunden- bis Minutenbereich werden von ihnen als länger eingeschätzt als von Personen ohne diese Störung. Viele Eltern wissen, dass auch gesunde Kinder Mühe mit Wartezeiten haben und häufig fragen: »Wie lange dauert es noch?« Diese Kinder haben noch nicht gelernt, wie sich eine bestimmte Zeitdauer anfühlt, und sind dadurch weniger geduldig als die meisten Erwachsenen (Wittmann, 2014, S. 24). Doch eine solche Zeitwahrnehmung hat auch Vorteile, denn sie ermöglicht gegenwartsbezogen, spontan und lustbetont zu leben.

Meines Erachtens können wir dem kollektiven Beschleunigungsprozess nicht vollständig entkommen. Auch optimiertes Zeitmanagement ist nicht geeignet für eine nachhaltige Entschleunigung und gesunde Verlangsamung, weil sie innerhalb der linearen Zeitstrukturlogik bleibt. Ich bin dieser Ansicht, weil die Beschleunigung nicht nicht nur den Menschen widerfährt, sondern den ganzen Kosmos erfasst und deshalb wohl ein archetypisches Phänomen ist, dessen Hintergrund wir nicht kennen: Im Jahr 2011 haben drei Kosmologen aus Australien und den USA, die Teams um Saul Perlmutter sowie Brian P. Schmidt und Adam G. Riess, den Nobelpreis für Physik erhalten, nachdem sie 1998 entdeckt hatten, dass sich das Universum beschleunigt ausdehnt (Bührke, 2011). Bis etwa zur Hälfte des heutigen Weltalters hat die Materie tatsächlich wie angenommen die Ausdehnung des Raums gebremst, doch dann setzte eine Beschleunigung ein, und seitdem dehnt sich das Universum mit wachsender Geschwindigkeit aus. Ursache für dieses Verhalten ist die sogenannte Dunkle Energie. Wie Wasserdampf in einem Dampfkochtopf treibt sie das Universum auseinander.

Interessanterweise geschah diese Entdeckung kurz vor der Jahrtausendwende, ziemlich zeitgleich mit dem Erreichen der Lichtgeschwindigkeit in der Kommunikation, die wir heute alle beim Versenden unserer E-Mails, SMS, beim Skypen oder Surfen im Internet nutzen. Doch selbst wenn die These stimmt, dass Beschleunigung ein alle Lebenswirklichkeiten umfassender Archetyp ist, muss uns das nicht fatalistisch werden lassen. Charlie Chaplins Film *Modern Times* aus dem Jahr 1936 könnte uns zeigen, wohin uns die Beschleunigung hinführen will oder könnte. Der erste Zwischentitel des Films *Moderne Zeiten* (*Modern Times*) erklärt, dass die Geschichte von Fleiß, Unternehmergeist, freiem Wettbewerb und der Suche des Menschen nach dem Glück handelt – eindeutig auch 80 Jahre nach der Erstaufführung ein hochaktuelles Thema. Im Vorspann wird eine Uhr gezeigt, deren Zeiger zwei Minuten vor Sechs anzeigen. Die Arbeiter, dicht gedrängt, eilen zur Fabrik. Einer davon ist der Fließbandarbeiter Charlie (Chaplin). Die Geschwindigkeit der Akkordarbeit wird stetig erhöht, worauf Charlie motorische Zuckungen entwickelt. Über die Akkordzumutungen landet er letztlich im Irrenhaus. Sein Ich ist dieser Zeitstruktur nicht gewachsen.

Der Film zeigt das Zeitdiktat der Technik. Vor dem Hintergrund des Konzept von Ich und Selbst ist eine Wanderung der Zeitbeherrschung zu beobachten. Gehörte sie zunächst Gott, gelangte sie nach und nach unter Kontrolle des Ich, um nun durch technische Prozesse und Beschleunigungsvorgänge dem Menschen in weiten Bereichen wieder abhandenzukommen. Diesen Transfer sehen wir etwa bei der Atomkraft, für deren Abfälle wir Lagerstätten brauchen, die über unvorstellbare lange Zeiträume sicher sein sollen. Mit den Atomabfällen haben wir die Ewigkeit auf die Erde geholt, weil es die praktisch braucht, um den Abfall unschädlich zu machen. Diese und andere menschengemachte Techniken beginnen, uns auf bisher nie dagewesene Art und Weise zu belasten und Spielraum zu entziehen.

In der Schlussszene von *Modern Times* geht der Arbeiter Charlie mit seiner Freundin auf der Straße dem Morgen entgegen. Wenn wir diesen Ausgang ähnlich einem Märchenschluss interpretieren, dann wäre Beziehung eine Lösung des Zeitproblems. Beziehung von männlich und weiblich ermöglicht es, den Zeitdruck zu verändern. Das Weibliche muss wiederentdeckt werden, die Beziehung zum Weiblichen gepflegt werden, das heißt auch die Beziehung zum Körper, zur zyklischen Natur, zu den Emotionen. Gefühle und Liebe sind fähig, den Leistungs-, Effizienz- und Geschwindigkeitsrausch zu stoppen. Gefühle sind nämlich langsam. Wer Gefühle zulässt, nimmt sich Zeit und legt den Grundstein für eine fruchtbare Verbindung von weiblicher und männlicher Zeit. Und das ist keine Regression, keine Sehnsucht nach der guten alten Zeit, in der alles besser war.

# Ewigkeit

Was ist eigentlich Ewigkeit? Eine Definition besagt, Ewigkeit sei etwas, das weder einen Anfang noch ein Ende hat und unabhängig vom Phänomen Zeit existiert. Das ist Zeitlosigkeit. Eigentlich etwas Unvorstellbares, doch gemäß dem französischen Philosophen und Sinologen François Jullien etwas Selbstverständliches. In seinem Buch *Die stillen Wandlungen* (Jullien, 2010) macht er auf die völlig unterschiedlichen westlichen und östlichen Zeitvorstellungen aufmerksam. Die griechische Tradition seit Platon und Aristoteles denkt in der Kategorie des Seins und der Substanz. Der Logos definiert die Dinge, identifiziert, ordnet, trennt, katalogisiert. A ist A und A ist ungleich B. Der Logos zieht Grenzen zwischen den Dingen und Eigenschaften, zielt auf Klarheit, Widerspruchsfreiheit und ist laut Jullien nicht in der Lage, Schnee zu denken, der gerade schmilzt. Sobald Schnee schmilzt, ist er nämlich kein bestimmtes Ding.

Das chinesische Denken richtet das Augenmerk gerade auf diesen Übergang, und damit auf jenen Punkt, an dem das griechische Denken strauchelt. Die chinesische Sichtweise, ist – so Jullien – nicht die des Wesens und der Identifikation, sondern die im stetigen Wandel der Dinge fließenden Energie (Jullien, 2010, S. 31, 37). Dieser Wandel hat weder Anfang noch Ende, also Ewigkeitscharakter und hält davon ab, zu sagen, wie weit eine Eigenschaft oder Qualität geht und wo die andere beginnt. Die Sichtweise der Wandlung kann nicht auf Zugehörigkeiten zurückgreifen, wie es die Sichtweise der Kategorie des Seins zwangsläufig tun muss. Wandlung löst ständig auf, ist ein Spiel von Polaritäten, wo die Entfaltung des Einen zwangsläufig mit der Schrumpfung des Anderen einhergeht.

Das erinnert an einen Vortrag von Hartmut Rosa im April 2013, in dem er das Individuum und Ich-Erleben im Kontext der sich verändernden Zeitverhältnisse beschrieb: In der Vormoderne stand fest, wer ich bin. Die Geburt entschied über meine Bestimmung und meinen Platz in der Hierarchie, die als heilige, vorgegebene Ordnung unumstößlich war. Da gab es geringen Spielraum für das Individuum. In der Moderne tauchte die Frage auf: Wer bin ich? Die Identität war nun nicht mehr festgelegt, sondern durfte, ja musste gesucht und gefunden werden. Das Motto lautete: Finde deinen Platz und deine Position. Ziel war eine stabile Identität in einem stabilen Umfeld. Dazu gehört auch die sogenannte Individuation als Aufgabe, in der Beziehung zum Selbst die eigene Bestimmung zu finden. Laut Rosa ist dieser Weg in der derzeitigen Post- bzw. Spätmoderne überholt: Die stabile Identität wird abgelöst von einer performativen Identität. Es heißt nicht mehr länger »Finde Deinen Platz«, sondern »Vermeide Positionen«. Der sogenannte Surfer (ich reite auf der Welle) oder Drifter (ich werde hin- und hergeworfen) und seine Anpassungsfähigkeit an permanente Bewegungen sind gefragt. Unser Wunsch nach äußerer und innerer Stabilität könnte dadurch zu kurz kommen, und zudem scheint uns die Geschwindigkeit zu überfordern, in der die Veränderungsanforderungen an uns herantreten. Das Individuum scheint angesichts dieser Zeitqualität heute gezwungen, sein Ich ständig »flüssig« zu halten, was aus Sicht der alten Alchemisten dem Prozess der Solutio entspricht. Die Zunahme der Erfahrung von Unverbundenheit und Unabschließbarkeit zeigen laut Zygmunt Baumann, dass wir sowohl die zyklische, als auch die lineare Zeit hinter uns gelassen haben und in einer pointillistischen bzw. gebrochenen Zeit angekommen sind. Diese Zeitqualität ist geprägt durch Diskontinuitäten, Inkonsistenzen und einen Mangel an Kohäsion. Das eigene Leben zersplittert oder fragmentiert, weil Erlebnisse zu einzelnen, unverbundenen Punkten werden (Baumann, 2009, S. 46). Bestenfalls gelingt es im Rückblick, sinnvolle Muster zu erkennen. Bilder, die Lesmeister für solche Ich-Zustände benutzt, sind Bruchstücks-Menschen, Patchwork-Identitäten sowie die Identitätsfiguren des Vagabunden oder Touristen (Lesmeister, 2009, S. 26 ff).

Ganz neu sind diese Beobachtungen nicht. Bereits im 18. Jahrhundert meinte der schottische Philosoph David Hume (1711–1776), dass er unter all den Wahrnehmungen, die er habe, kein Ich finden könne. Das Ich war für ihn kein Ding, kein Objekt, sondern ein Vorgang, ein sich konstituierender Prozess, eher Subjektivität als Subjekt (Wittmann, 2014, S. 118). Das deckt sich mit der Sicht C. G. Jungs, der den Ich-Komplex vergleichbar allen anderen Komplexen nie als fertiges, stabil-statisches Etwas beschrieb, sondern als lebenslangen, dynamischen Entwicklungsprozess. Der kollektive Prozess scheint allerdings heute zu Lasten der Stabilität die Dynamik zu betonen, weshalb immer seltener gilt: »Werde, der du bist«, als vielmehr: »Sei, der Du wirst.«

Weitere Zeitstrukturen befinden sich im Fluss: Es sind neuerdings nicht mehr so sehr die Pünktlichen gefragt, sondern die Flexiblen. Und es ist auch nicht mehr so wichtig, wo man sich befindet, wo man arbeitet, sondern viel wichtiger, dass man erreichbar ist. Und durch die Missachtung der zyklischen Zeitbedürfnisse wird vielen die Erreichbarkeit zu jeder Tages- und Nachtzeit zugemutet.

Kann die chinesische Sichtweise, wie durch Jullien vorgestellt, auch weiterhelfen, wenn es um Geburt und Tod, den Beginn und das Ende des Seins geht? Jeder Lebensbeginn bedeutet: Etwas Flüchtiges und Ungreifbares verwandelt sich in Hauch, der Hauch in Form, die Form in Leben (Jullien, 2010, S. 57). In dieser Vorstellung bildet das Sein keinen Bruch, sondern ist der Übergang vom Unsichtbaren zum Sichtbaren. Auch der Tod ist hier nicht wie in der Philosophie des Westens ein aus dem Rahmen fallendes Ereignis. François Jullien konfrontiert uns mit der Frage:

> »Ist die Zeit nicht das, was wir als hypostasiertes und geadeltes Alibi, als zunächst so bequem geltend zu machendes großes Subjekt und Hauptverantwortlichen konstruiert haben, um unserer Unfähigkeit abzuhelfen – die stille Wandlung zu beachten?« (Jullien, 2010, S. 113)

Er postuliert, dass Zeit eine Konstruktion, eine Erfindung der europäischen Sprache ist und uns zu einem großen Teil in die Irre führt.

Auf der Suche nach einer Antwort auf diese These lohnt nochmals der Blick auf jene Zeit, in der die Redewendung »Das Zeitliche segnen« geprägt wurde. Damals lebte der tiefgläubige Isaac Newton. Er legte 1687 die erste geschlossene physikalische Theorie vor, die nach dem Schöpfungsakt ohne göttliches Eingreifen auskam. Seinen Bewegungsgleichungen der Materie durch den Raum liegt eine Zeit zugrunde, die fließt ohne Bezug auf einen äußeren Gegenstand. Die Zeit $t$ existiert bei Newton in sich selbst, unabhängig davon, was in der Zeit passiert. Eine solche Zeit ist etwas Absolutes und Externes, in der wir quasi schwimmen. Der Physikprofessor Wolfram Schommers (Schommers, 1997, S. 88) weist darauf hin, dass Newtons Vorstellung zwar das menschliche Zeitempfinden hinsichtlich des Fließens gut trifft, aber in anderen Punkten keineswegs plausibel ist. Woraus soll beispielsweise dieses Zeitmeer bestehen? Es müsste ein nachweisbares Zeitsubstrat geben, und irgendjemand oder irgendetwas müsste diese Zeit irgendwie erzeugen. Für all das gibt es bisher keinerlei Hinweise. Es sind insbesondere irreversible Prozesse, wie eine sich abkühlende Tasse Kaffee, die Evolution oder das Altern, die zum Schluss führen, dass eine Verbindung zwischen Zeit und Prozess vorhanden sein muss. Diese Sicht führt unmittelbar zum Begriff der systemspezifischen, inneren Zeit. Zeit sollte also durch den zu untersuchenden Prozess selbst definiert sein. Laut Wolfram Schommers existiert Zeit nur in unserem Kopf. Damit schlägt er eine Brücke zum chinesischen Denken, das angesichts der stillen Wandlung unsere Vorstellung von der Natur einer externen Zeit nicht teilt. Das passt auch zur bereits erwähnten These von Marc Wittmann: »Ohne Zeit kein Ich« und »Ich bin die Zeit«.

Unser westliches Denken ist dem Wesen der Zeit nicht wirklich auf die Spur gekommen. Zeit bleibt geheimnisvoll und ist längst nicht das, was die Uhr misst. Albert Einstein hat herausgefunden, dass Uhren nicht überall gleich schnell ticken. Je schneller die Uhr transportiert wird und je mehr die Gravitationskraft zunimmt, um so langsamer geht die Uhr. Zeit und Raum sind eng verknüpft. Diese Zeitphänomene sind im Kosmos beobachtbar, spielen aber für unseren »langsamen« Alltag kaum eine Rolle. Der Zusammenhang von Raum und Zeit ist jedoch für das Kulturleben eminent bedeutsam, wie die Phänomene Diesseits-Endlichkeit und Jenseits-Ewigkeit zeigen. Laut dem Kulturtheologen Jean-Pierre Wils (Wils, 2013, S. 37 f) dominiert das Raumerleben in einer sogenannten Präsenzkultur, die wir längst überwunden haben. Eine solche Präsenzkultur beherrschte bei uns noch weitgehend das Mittelalter. Leben und Religion wurden damals körperlich und räumlich erfahren. Das Konkrete hatte Vorrang vor dem Abstrakten und der Raum Vorrang vor der Zeit. Raum war jedoch kein leerer Behälter, sondern ein sakralenergetisch aufgeladener Ort. Religion war, wie schon erwähnt, stofflichsinnliches Erleben, die Berührung der Dinge wirkungs- und geheimnisvoll und die Welt bewohnt mit göttlichen sowie teuflischen Wesen: Es ist die Welt des Symbolrealismus. Stoffliches und die von Gott gegebene Bedeutung, der Sinn, waren untrennbar verbunden. Laut Jean-Pierre Wils ist uns diese sinnliche Sphäre einer Religion als Präsenzerleben seit mindestens 200 Jahren abhanden gekommen.

Vor allem die Beschleunigungsdynamik der Moderne hat die Raumdominanz geschwächt, man könnte sagen, wir haben den Raum weitgehend hinter uns gelassen. Bereits wenn wir telefonieren oder skypen, spielen Ort und Distanz keine Rolle mehr. Mit der Überwindung des Raums rücken Zeit, die zu gestaltende Zukunft, Reflexion sowie Abstraktion in den Vordergrund des kulturellen Selbstverständnisses. Verabschiedet wird damit auch eine Sichtweise, die noch nicht zwischen Erscheinung und Bedeutung, zwischen sinnlicher Oberfläche und tieferem Sinn trennen konnte und musste: Die Eule war einmal Athene und nicht lediglich Symbol der Athene. Letzteres gilt heute, so dass die Bedeutung nicht mehr an der Oberfläche präsent, sondern hinter der Erscheinung der Dinge, in der Tiefe, verborgen ist. Wir sind gezwungen einzudringen, um zu verstehen und hermeneutisch zu deuten. Der Sinn ist nicht mehr direkt und konkret erfahrbar, zeigt sich nicht mehr unmittelbar, sondern muss gesucht werden.

Da ist interessant, dass jene, die in unserer Beschleunigungsgesellschaft an ihre persönlichen Grenzen kommen, überfordert oder gelangweilt sind, neuerdings Achtsamkeit üben, somit in die Präsenz gehen, in den Körper, in die Sinnlichkeit und den Raum, den wir weitgehend hinter uns gelassen und überwunden haben. Es scheint, als wollten und müssten wir den Körper, damit auch die weibliche Zeit und die Gegenwart nicht länger vernachlässigen, sondern wieder entdecken, anstatt vor allem auf die Zukunft zu spekulieren. Wer mit der Achtsamkeitsmeditation die Aufmerksamkeit auf das »Hier und Jetzt« lenkt und das Abschweifen der Gedanken vermeidet, in dem beispielsweise das Ein- und Ausatmen bewusst wahrgenommen wird, erlebt durch die gesteigerte Körper- und Präsenzerfahrung eine Zeitdehnung. Aufgrund dieser Phänomene weist Marc Wittmann auf einen Ausweg für jene, deren Lebenszeit immer schneller zu vergehen scheint: Je größer, je emotional gefärbter und abwechslungsreicher der Erfahrungsschatz des Lebens, desto länger wird subjektiv die Lebenszeit (Wittmann, 2015, S. 105).

Nochmals zurück zum Phänomen der Ewigkeit, die nicht als unendliche Zeitdauer verstanden werden soll, sondern als Unzeitlichkeit, somit als Aufhebung der Zeit. Tilmann Lhündrup Borghardt beschreibt nach seiner 35-jährigen, mehr als 50 000 Stunden umfassenden spirituellen Meditationserfahrung den Weg zum Gefühl der Zeitlosigkeit über die Konzentration auf den Jetzt-Moment:

Im mystischen Erleben, sei es in der Meditation oder im Drogenrausch, ist das Ich eins mit der Welt und spürt häufig ein befreiendes Gefühl voller

Ruhe des Geistes. Das Ich nimmt als Beobachter dieses Geschehen, somit auch Bewegungen und die Zeit wahr. Zeit und Ich existieren. In diesem friedvollen und entspannten Zustand absoluter Präsenz spürt das Ich ein Gefühl der Einheit, sein Einssein mit der Welt. Ganz anderes passiert in der höchsten Stufe der spirituellen Mediationserfahrung, dem »Erwachen«, wenn die Dualität von Subjekt und Objekt verschwindet und daraus Ich- und Zeitlosigkeit entstehen (Wittmann, 2015, S. 74 ff).

Das Erkennen und Beschreiben dieser Situation ist erst im Nachhinein möglich, weil es dazu das wieder aufgetauchte Ich braucht, betont Tilmann Lhündrup Borghardt und ergänzt, dass sich die Erfahrung dieses Erwachens kaum in Worte fassen lässt. Es handelt sich um ein zeitloses Gewahrsein ohne Anfang und Ende, das Eintauchen in das Sein, ohne Möglichkeit zum Vergleich oder Kontrolle, ohne Vorher und Nachher, ohne Ich-Gefühl. Diese Erfahrung bestätigt somit die Hypothese von Schommers und Wittmann.

In den Begriffen der Analytischen Psychologie könnte man sagen, dass Zeit erst existiert, sobald der Ich-Komplex als bewusster Beobachter vorhanden ist. Das von Tilmann Lhündrup Borghardt beschriebene Erwachen könnte man als freiwilliges Eintauchen des Ich in das Selbst und Verschwinden des Ich im Raum-Zeit-Kontinuum beschreiben.

# Nachwort

Anscheinend lag bereits 1880 einiges von den in diesem Buch beschriebenen Entwicklungen in der Luft. Zu jener Zeit hat Fjodor Dostojewskij in seinem Roman *Die Brüder Karamasow* die Folgen des Gottesverlustes diskutiert: Wenn Menschen den Glauben an die Unsterblichkeit der Seele verlieren, wird in ihnen nicht nur die Liebe, sondern jede lebendige Kraft zur Fortsetzung des irdischen Lebens versiegen. Es wird kein Schamgefühl mehr geben, alles wird erlaubt sein, sogar die Menschenfresserei. Anderseits, sobald Gott nicht mehr ist, wird der Mensch, und das ist großartig, zum Herrn der Erde. Gottes Stelle wird dann gleichzeitig die Chemie einnehmen – das kann man heute präzisieren, gemeint sind Neurobiologie und Neurochemie.

Dostojewskij fährt fort, dass ohne Gott der Egoismus zur Richtschnur wird und die Menschen sich vom Leben alles nehmen werden, was es nur herzugeben vermag, zum Zweck des Glücks und der Freude (Dostojewskij, 1985, S. 113 f, 962, 860 f, 1061).

Diese und andere vorgestellten Facetten des Selbst – ob man sie nun bewusst wahrnimmt oder nicht – beeinflussen die therapeutische Arbeit. Darauf weist das griechische Wort therapeuein/heilen hin, denn es bedeutet ursprünglich »Den Göttern dienen« (Edinger, 1990, S. 12). Psychologisch formuliert hat Therapie demnach mit der Beziehung von Ich und Selbst zu tun. Mit dieser Sichtweise stößt man heute nicht immer auf offene Ohren. So hat Eckhard Frick (Frick, 2016, S. 479 f) daraufhin gewiesen, dass die österreichischen Richtlinien für Psychotherapie ein aktives Einbringen der Themen Religion, Gebete oder spirituelle Rituale durch Therapeuten untersagt. So etwas gilt als unethisch. Demnach scheint das Selbst nicht nur gelegentlich Unbehagen zu wecken, sondern ist bis heute eine Frage von Moral und Tabuisierung. Insofern ist das

## Nachwort

von mir gewählte Thema – und die getroffene inhaltliche Auswahl heikel.

Doch in einigen Jahrzehnten oder Jahrhunderten werden Menschen auf unsere Epoche zurückblicken und wahrscheinlich sagen: »Ah, das war damals heilig, das durfte nicht infrage gestellt werden, jenes war tabu, und dies waren die Dogmen. Manches davon wird dann die Gemüter kaum noch erhitzen oder vielleicht bedeutungslos geworden sein. Das Selbst wird sich in anderen Bildern und Prozessen zeigen.

Es würde mich freuen, wenn das Buch neugierig macht auf das Thema und die Auseinandersetzung damit fördert. Herzlich danken möchte ich an dieser Stelle allen Menschen, die mich direkt und indirekt beim Schreiben unterstützt haben.

# Literatur

Alvarez, A. (1974). Der grausame Gott. Eine Studie über den Selbstmord. Hamburg: Hoffmann und Campe.
Arendt, H. (2016). Über das Böse. Eine Vorlesung zu Fragen der Ethik. München: Piper.
Ariès, P. (1976). Studien zur Geschichte des Todes im Abendland. München: Hanser.
Baumann, Z. (2009). Leben als Konsum. Hamburg: Hamburger Edition HIS.
Bernhard, T. (2013). Gehen (21. Aufl.). Frankfurt/M.: Suhrkamp.
Bovensiepen, G. (2009). Leben in der Seifenblase. Entwicklungszusammenbruch und Verteidigung des Selbst in der Post-Adoleszenz. Analytische Psychologie, 156, 134–151.
Brauchen wir Gott? Von der Suche nach dem ganz persönlichen Glauben. GEO, 01/2015.
Brüder Grimm (1946). Kinder- und Hausmärchen. Zwei Bände. Zürich: Manesse
Bührke, T. (2011). Physik-Nobelpreis: das beschleunigte Universum. Spektrum.de. www.spektrum.de/alias/nobelpreise-2011/physik-nobelpreis-das-beschleunigte-universum/1124738. Zugriff am 05.12.2017.
Damasio, A. (2001). Ich fühle also bin ich. Die Entschlüsselung des Bewusstseins (3. Aufl.). München: List.
Debarque, L. (2016). Interview in Kulturzeit. 3sat, 07.04.2016.
Dostojewskij, F. (1985). Die Brüder Karamasow (21. Aufl.). München: Piper.
Dpa (2017). Schlank an die Macht: Junge Wähler mögen »Slim-Fit-Warrior«. www.sueddeutsche.de/news/politik/wahlen-schlank-an-die-macht-junge-waehler-moegen-slim-fit-warrior-dpa.urn-newsml-dpa-com-20090101-170810-99-586540. Zugriff am 05.12.2017.
Edinger, E. F. (1990). Der Weg der Seele. Der psychotherapeutische Prozeß im Spiegel der Alchemie. München: Kösel.
Edwards, K. (2017). Why I won't let any male babysit my children. The Sydney Morning Herald. 24.02.2017 www.smh.com.au/lifestyle/news-and-views/opinion/why-i-wont-let-any-male-babysit-my-children-20170223-gujn4f.html. Zugriff am 10.08.2017.
Eggers, D. (2014). Der Circle. Köln: Kiepenheuer & Witsch.

Firma pflanzt Angestellten Chips ein. Tagesanzeiger vom 26.07.2017. www.¬
tagesanzeiger.ch/wirtschaft/unternehmen-und-konjunktur/Firma-pflanzt-An¬
gestellten-Chips-ein/story/28556152. Zugriff am 05.12.2017.
Flaßpöhler, S.(2007). Mein Wille geschehe. Sterben in Zeiten der Freitodhilfe. Berlin: wjs.
Frick, E. & von Peinen, B. (2016). Gott in der Analytischen Situation. Analytische Psychologie, 186, 472–490.
Fuchs, T. (2008). Leib und Lebenswelt. Neue philosophisch-psychiatrische Essays. Zug: Prof. Dr. Alfred Schmid-Stiftung.
Geißler, K. (1997). Es muss in diesem Leben mehr als Eile geben (6. Aufl.). Freiburg: Herder.
Geißler, K. (2001). Vom Tempo der Welt. Am Ende der Uhrzeit (5. Aufl.). Freiburg: Herder.
Giegerich, W. (1988). Die Atombombe als seelische Wirklichkeit. Versuch über den Geist des christlichen Abendlandes. Zürich: Schweizer Spiegel Verlag.
Giera-Krapp, M. (1988). Konstellation des gut-bösen Mutterarchetypes bei der Behandlung früher Störungen. Analytische Psychologie, 19, 26–47.
Gotthelf, J. (2002). Die schwarze Spinne. Stuttgart: Reclam.
Graf, F. W. (2009). Missbrauchte Götter. Zum Menschenbilderstreit in der Moderne. München: C. H. Beck.
Grünberg, A. (2006). Gnadenfrist. Zürich: Diogenes.
Heiler, F. (1979). Erscheinungsformen und Wesen der Religion (2. Aufl.). Stuttgart: Kohlhammer.
Hell, D. (2000). Welchen Sinn macht Depression? (7. Aufl.). Reinbek: Rowohlt.
Hollersen, W. (2014). Die Gesetze der Anziehung. Welt am Sonntag, 16.11.2014. https://www.welt.de/print/wams/wissen/article134380111/Die-Gesetze-der-An¬ziehung.html. Zugriff am 04.09.2017.
Huf, H. (2013). Die Geschichte der Schönheit. München: Heyne.
Hultberg, P. (2009). Zentrum und Umkreis: Die Rolle von Jungs Selbstbegriff in der Gegenwart. Analytische Psychologie, 156, 204–226.
Jacobsohn, H., von Franz, M.-L. & Hurwitz, S.(1952). Zeitlose Dokumente der Seele. Zürich: Rascher.
James, E. L. (2015). Fifty Shades of Grey. München: Goldmann.
Jullien, F. (2010). Die stillen Wandlungen. Berlin: Merve.
Jung, C. G. (1988a). Gesammelte Werke. Bd. 11 (5. Aufl.). Olten: Walter.
Jung, C. G. (1988b). Gesammelte Werke. Bd. 13 (3. Aufl.). Olten: Walter.
Jung, C. G. (1989). Gesammelte Werke. Bd. 7 (4. Aufl.). Olten: Walter.
Jung, C. G. (1990a). Gesammelte Werke. Bd. 3 (4. Aufl.). Olten: Walter.
Jung, C. G. (1990b). Gesammelte Werke. Bd. 12 (6. Aufl.). Olten: Walter.
Jung, C. G. (1990c). Gesammelte Werke. Bd. 14/1 (5. Aufl.). Olten: Walter.
Jung, C. G. (1991a). Gesammelte Werke. Bd. 5 (6. Aufl.). Olten: Walter.
Jung, C. G. (1991b). Gesammelte Werke. Bd. 8 (6. Aufl.). Olten: Walter.
Jung, C. G. (1992a). Gesammelte Werke. Bd. 9/1 (8. Aufl.). Olten: Walter.

Jung, C. G. (1992b). Gesammelte Werke. Bd. 9/2 (8. Aufl.). Olten: Walter.
Jung, C. G. (1994). Gesammelte Werke. Bd. 6 (17. Aufl.). Olten: Walter.
Kant, I. (1986). Kritik der praktischen Vernunft. Stuttgart: Reclam.
Kullmann, K. (2013). Kampfauftrag Kind. Spiegel, 33/2013 www.spiegel.de/spiegel/print/d-106677646.html. Zugriff am 04.09.2017.
Knobbe, M. & Schmalenberg, D. (2003). Der Kannibale. Stern. Nr. 31; 24.07.2003.
Lauer, C. (2015). Der inszenierte Makel. Welt am Sonntag Nr. 13, 29.03.2015. www.welt.de/print/wams/debatte/article138885420/Der-inszenierte-Makel.html. Zugriff am 05.12.2017.
Lafontaine, C. (2010). Die Postmortale Gesellschaft. Wiesbaden: VS Verlag für Sozialwissenschaften.
Lesmeister, R. (2009). Selbst und Indviduation. Facetten von Subjektivität und Intersubjektivität in der Psychoanalyse. Frankfurt/M: Brandes & Apsel.
Liessmann, K. P. (2009). Schönheit. Wien: Facultas.
Lorenz, K. (1968). Das sogenannte Böse. Zur Naturgeschichte der Aggression (21. Aufl.). Wien: Dr. Borotha-Schoeler.
Marquard, O. (1986). Apologie des Zufälligen. Stuttgart: Reclam.
Meister, M. (2013). Es gibt keine Schönheit. Spiegel Wissen. Projekt Ich. Neue Strategien für ein besseres Leben. www.spiegel.de/spiegel/spiegelwissen/d-107233201.html. Zugriff am 04.09.2017.
Neimann, S. (2004). Das Böse denken. Eine andere Geschichte der Philosophie. Frankfurt: Suhrkamp.
Neumann, E. (1990). Amor und Psyche. Eine tiefenpsychologische Deutung mit dem Text des Märchens von Apuleius (7. Aufl.). Olten: Walter.
O'Kane, F. (1993). Das dunkle Gesicht der Psyche. Gorgo. Zeitschrift für archetypische Psychologie und bildhaftes Denken, 25, 49–62.
Orbach, S. (2012). Bodies, Schlachtfelder der Schönheit (2. Aufl.). Zürich: Arche.
Orwell, G. (2017). 1984. (40. Aufl.). München: Ullstein.
Putsch, C. (2015). Schönheit aus dem Schatten. Welt am Sonntag Nr. 28,12.07.2015 www.welt.de/vermischtes/article144027164/Fuer-die-Nachbarskinder-war-Thando-Hopa-die-Verfluchte.html. Zugriff am 05.12.2017.
Renn, R. (2012). Von der Vergötterung des Selbst und der Verteufelung des Ich. Analytische Psychologie, 170, 424–449.
Rosa, H. (2005). Beschleunigung. Die Veränderung der Zeitstrukturen in der Moderne. Frankfurt/M: Suhrkamp.
Rosa, H. (2013a). Beschleunigung und Entfremdung. Frankfurt/M: Suhrkamp.
Rosa, H. (2013b). Neue Verunsicherungen – alte Ängste? Eröffnungsvortrag der Lindauer Psychotherapiewochen am 14.04.2013.
Röser, J. (2014). Ich, das Gehirn und Gott. In M. Ebertz & M. Schmidt-Degenhard (Hrsg.), Was glauben die Hessen? Horizonte religiösen Lebens (S. 123–131). Berlin: LIT.

Roth, G. (2001). Fühlen, Denken, Handeln. Wie das Gehirn unser Verhalten steuert. Frankfurt: Suhrkamp.
Schommers, W. (1997). Zeit und Realität. Physikalische Ansätze – Philosophische Aspekte. Zug: Prof. Dr. Alfred Schmid-Stiftung.
Solms, M. & Turnbull, O. (2004). Das Gehirn und die innere Welt. Neurowissenschaften und Psychoanalyse. Düsseldorf: Patmos.
Steiner, J. (2013). Orte des seelischen Rückzugs. Pathologische Organisationen bei psychotischen, neurotischen und Borderline-Patienten (4. Aufl.). Stuttgart: Klett-Cotta.
Teller, J. (2013). Alles worum es geht. München: Hanser.
Teller, J. (2014). Nichts. Was im Leben wichtig ist (6. Aufl.). München: dtv.
Vidal-Folch, I. (2015). Selfie mit dem Bösen. Welt am Sonntag, 23.08.2015. https://www.welt.de/print/wams/reise/article145518853/Selfie-mit-dem-Boesen.¬html. Zugriff am 04.09.2017. Der Artikel beruht auf dem Buch Tézenas, A. (2014). Tourisme de la désolation. Paris: Actes Sud.
Vonessen, F. (1998). Das kleine Welttheater. Das Märchen und die Philosophie. Zug: Prof. Dr. Alfred Schmid-Stiftung.
von Franz, M.-L. (1978). Spiegelungen der Seele. Projektion und innere Sammlung. Stuttgart: Kreuz.
von Franz, M.-L. (1984). Traum und Tod. Was uns die Träume Sterbender sagen. München: Kösel.
von Franz, M.-L. (1985). Die Suche nach dem Selbst. Individuation im Märchen. Kempten: Kösel.
von Franz, M.-L. (1990). Psychotherapie. Einsiedeln: Daimon.
von Franz, M.-L. (1994). Archetypische Dimensionen der Seele. Einsiedeln: Daimon.
von Franz, M.-L. (2008). Die Katze. Ein Märchen über die Erlösung des Weiblichen. Küsnacht: Verlag Stiftung für Jung'sche Psychologie.
von Matt, P. (2003). Öffentliche Verehrung der Luftgeister. Reden zur Literatur. München: Hanser.
Vorkoeper, U. (2006). Der Zwang der Freiheit. ZEIT online, 24.02.2006. www.¬zeit.de/feuilleton/kunst_naechste_generation/tod_3. Zugriff am 04.09.2017.
Walser, M. (2016). Ein sterbender Mann. Reinbek: Rowohlt.
Wehowsky, S. (1988). Grenzüberschreitungen. Zur Zukunft einer Gesellschaft im Labor. In T. Schroeder-Kurth & S. Wehowsky (Hrsg.), Das manipulierte Schicksal. Künstliche Befruchtung, Embryotransfer und pränatale Diagnostik. Frankfurt/M: J. Schweitzer.
Weinreb, F. (2002). Gotteserfahrung. Weiler: Thauros.
Whitmont, E. (1993). Die Alchemie des Heilens. Göttingen: Burgdorf.
Willemsen, R. (2016). Wer wir waren. Zukunftsrede (3. Aufl.). Frankfurt/M: S. Fischer.

Wils, J. P. (2013). Blasphemie. Erinnerung an eine Zeit, als Religion noch Nervensache war. In T. Laubach (Hrsg.), Kann man Gott beleidigen? Zur aktuellen Blasphemie-Debatte. Freiburg: Herder.

Wittmann, M. (2014). Gefühlte Zeit. Kleine Psychologie des Zeitempfindens (3. Aufl.). München: C. H. Beck.

Wittmann, M. (2015). Wenn die Zeit stehen bleibt. Kleine Psychologie der Grenzerfahrungen. München: C. H. Beck.

Youkyung Lee (2015). Südkorea verpflichtet Eltern zur online-Überwachung ihrer Kinder. Wenn Jugendliche in Südkorea ihr Smartphone nutzen, sind sie nie ganz für sich. Tagesanzeiger vom 16.05.2015. www.tagesanzeiger.ch/digital/mobil/¬Suedkorea-verpflichtet-Eltern-zur-OnlineUeberwachung-ihrer-Kinder/story/¬15544859. Zugriff am 05.12.2017.

# Verzeichnis der Filme

*Beim Leben meiner Schwester* (My sister's keeper). warnerbros.de, 2009. Nach dem gleichnamigen Roman von Jodi Picoult, Regie: Nick Cassavetes.
*Emmas Glück*. pandora Film, 2007. Regie: Sven Taddicken, nach dem Roman von Claudia Schreiber. Drehbuch: Ruth Toma & Claudia Schreiber.
*In Time*. Twentieth Century Fox, 2012. Drehbuch und Regie: Andrew Niccol.
*Moderne Zeiten* (Modern Times). Arthouse, 2010. Drehbuch und Regie: Charlie Chaplin.
*Terror – Ihr Urteil*. Constantin Film, 2016. Regie: Lars Kraume, Autor: Ferdinand von Schirach.

# Sach- und Personenverzeichnis

**A**

Albinismus 88–89
Archetyp 25, 31, 39, 43–44, 47, 50, 55, 92, 97, 99–100, 108, 110, 115, 125
Arendt, H. 43, 46
Ariès, P. 63, 65
Arroganz 36
Auferstehung 64, 113
Autonomie 17, 28, 30, 42, 51–52, 61, 72, 75
Autorität 22, 70, 74

**B**

Ba 68–70
Banalität 100
Bernhard, T. 16
Bibel 29–31
Bovensiepen, G. 73

**C**

Chip 83
Christus 50, 72, 95, 99

**D**

Damasio, A. 13–15
Depression 22, 112, 122, 124

Destruktivität 27, 44–45, 73–74, 86, 95–96, 100, 108, 110
Dostojewskij, F. 123, 133

**E**

Energie 32–34, 51, 96, 109, 125, 127
Enhancement 91
Enthusiasmus 28
Erinnerung 14, 26, 97, 124
Essen 29, 48, 92, 117, 123

**F**

Fasten 34, 92, 117
Fibonacci, L. 84
Flaßpöhler, S. 71–72

**G**

Ganzheit 19–21, 70, 95
Gewalt 103, 105, 111
Gewissen 45–46
Gott 10, 20–25, 27–34, 36–41, 43–46, 50–52, 55, 60, 68, 70, 72, 74, 80–81, 85–86, 90, 95–96, 98–101, 105–106, 113, 115–116, 119, 126, 130, 133
Gottesbild 20–22, 24–26, 29–34, 43, 45, 51, 68, 70, 98

Gotthelf, J. 37, 39, 47, 112
Grünberg, A. 87, 100

**H**

Hass 29, 43, 89, 104–105
Hirntod 63–64
Hultberg, P. 24, 96, 110

**I**

Insula 123

**J**

Jenseits 64, 74, 101, 118–120, 130
Jullien, F. 127, 129

**K**

Kaiserschnitt 56–57, 66–68
Kant, I. 18–19, 41
Katastrophen-Tourismus 100
Kernbewusstsein 14–15
Kinder 30, 52, 54, 59–61, 63, 76, 79–80, 83, 90, 103, 111, 114, 116–117, 125
Kontrolle 68, 72, 75–76, 80–81, 97, 126, 132
Konvention 44–45, 54
Körper 15, 25, 51, 54, 58, 60–61, 64, 84, 86–89, 91–94, 123, 126, 131
Körperhass 89–90
Körperverunsicherung 92
Kreativität 24, 121–122

**L**

Langeweile 102, 108, 122, 131

Leiden 72, 95–96, 119
Lesmeister, R. 101–102, 104–105, 107, 128, 137
Lust 97, 104, 117

**M**

Magersucht 88
Mandala 32
Märchen 11, 60, 75–76, 78, 80, 83, 89–90, 101, 110–112
Marquard, O. 11, 51
Meister Eckhart 26
Menschenwürde 62
Moral 19, 45–46, 133

**N**

Neid 93

**O**

Opfer 31, 66, 76, 83, 97–99, 103–105, 109, 119
Opferrolle 107
Orbach, S. 91–94
Ordnung 32–33, 84–85, 127
Orlan 91

**P**

Paradies 29, 47, 50, 101, 119
Pest 38–41, 44
Priester 38, 63, 99
Projektion 21–22, 27, 45, 47, 101

**Q**

Quelle 20, 24, 36, 45, 77–78, 110, 121

## R

Regenbogen  26–27
religio  40, 50
Rilke, R. M.  86
Rosa, H.  120, 124, 127–128

## S

Sadomasochismus  96–97
Scham  54, 74, 82
Schuld  35, 38, 44–45, 48–49, 52, 54, 60, 74, 108, 115, 121
Segen  38–39, 44, 113
Selbstbewusstsein  10, 26
Selbstvertrauen  10, 26, 52
Sexualität  25, 58–59, 96, 98
Silesius, A.  18, 20, 22, 24
Sinn  11, 17, 19, 32, 39, 42, 50, 71–72, 103, 105–106, 119, 130–131
Spiegel  16
Spinne  27, 37–41, 48–50, 112, 136
Stein  48–50, 100, 102, 107
Sünde  41, 44, 68–70, 95, 115

## T

Tabu  31–32, 54, 105, 111, 133
Teller, J.  20, 24, 102–104, 106, 138

Teufel  37–40, 43, 46–47, 50, 65–66, 95
Tradition  32, 42, 45, 54, 61–62, 68, 92, 113, 127
Traumatisierung  97, 104, 111

## U

Unschuld  29–30, 45, 47, 100, 103–105
Unsichtbarkeit  33, 81, 118, 129
Urteil  11, 29, 46–47, 65, 73, 81, 89–91, 123

## V

Vertrauen  10, 52, 55, 80
Verwundbarkeit  80
Vitiligo  88
von Franz, M.-L.  26, 31–32, 45, 72, 110, 112–113, 136

## W

Walser, M.  85
Weinreb, F.  26, 30, 106

## Z

Zeitparadoxon  124
Zorn  45, 51, 77, 84, 108

Monika Rafalski

## Empfinden, Intuieren, Fühlen und Denken

Die vier psychischen Grundfunktionen in Psychotherapie und Individuation

2018. 236 Seiten mit 8 Abb. und 1 Tab. Kart.
€ 32,–
ISBN 978-3-17-028412-8

Analytische Psychologie C. G. Jungs in der Psychotherapie

Dieses Werk stellt die vier psychischen Grundfunktionen Empfinden, Intuieren, Fühlen und Denken vor – allgemein sowie in ihrer extravertierten und introvertierten Ausprägung. Es wird auf ihre Bedeutung für die individuelle Entfaltung, für schulische Förderung und gesellschaftliche Zeitstile sowie ihre Symbolik und spirituelle Bezüge eingegangen. Basierend auf Jungs Forschungen zur Typologie wird ein modernes Modell der ausgewogenen Entwicklung aller Funktionen vorgestellt, welches therapeutische Relevanz über unterschiedliche Psychotherapieschulen hinaus hat. Es ermöglicht, neurotische Einseitigkeiten und Dissoziationen diagnostisch zu erfassen und therapeutisch zu bearbeiten, eigene Begabungen zu erkennen und ins innere Gleichgewicht zu kommen sowie Hochsensibilität besser zu verstehen.

Leseproben und weitere Informationen unter www.kohlhammer.de

W. Kohlhammer GmbH
70549 Stuttgart